Wege entstehen dadurch, dass man sie geht.

Franz Kafka

Herstellung und Verlag: Books on Demand GmbH, Norderstedt

ISBN: 9783837077605

René Schwamb (ehrenamtliche Mitarbeit)

Inhaltsangabe

Vorwort

Ich sitze gerade auf dem Balkon, der Auberge Gran Popo in Benin, schaue bei der untergehenden Sonne im Atlantik auf das große weite Meer, höre die Dschungelgeräusche hinter mir und die tosende Brandung vor mir.

Ich freue mich wie der warme Sommerwind, die Bäume und die Palmen zum Bewegen bringt und ich lausche dem Klang der singenden Vögel, die sich am Sonnenuntergang erfreuen. Gleichzeitig erinnere ich mich, dass ich bisher in 16 Ländern Afrikas war und viele verschiedene Eindrücke sammeln durfte.

Dieses Buch erhebt keinen Anspruch auf Vollständigkeit, sondern möchte mit den Einblicken und Begegnungen von Menschen und Situationen beschreiben, was einem begegnet, wenn man losgegangen ist.

Ich möchte ermutigen neue Wege zu gehen, ich möchte ermutigen, dass junge Menschen ihre Auslandserfahrungen machen und ich möchte ermutigen, dass Menschen, die in eine neue Lebensphase eintreten, sich bewusst werden welche Möglichkeiten sich bieten neue Welten, neue Länder, neue Lebensweisen und Religionen kennenzulernen.

Wenn ich losgehe ist mein Fokus außerdem immer auch auf der Suche nach sozialen Projekten, die ich mit verschiedenen Möglichkeiten, die mir zur Verfügung stehen, unterstütze. Außerdem bestehen Vermittlungsmöglichkeiten für Menschen, die in diesen sozialen Projekten hospitieren oder mitarbeiten möchten.

Die nachfolgenden Seiten werden Sie in die verschiedene Länder einladen, und Ihnen wird ein Eindruck wiedergegeben, der mir heute teilweise 20, 25 Jahre danach noch in voller Form, Farbe und gedanklicher Erinnerung präsent ist.

Lassen Sie sich inspirieren von den Begegnungen und Situationen auf den mystischen Wegen Afrikas.

Tiere der Savanne
Südafrika

Wenn man an Südafrika denkt, denkt man an wunderschöne Küsten, denkt man an Tafelberge, an interkulturelles Leben, man denkt an Geschichte, an Apartheit, man denkt an die politischen Ereignisse der Jahrzehnte zuvor, man denkt aber auch an kulturelles Leben und insbesondere an die Begegnungen mit der unbeschreiblich schönen Tierwelt.

Doch das Leben dort besteht aus vielen verschiedenen Überraschungen, und einige davon möchte ich hier beschreiben.

In Südafrika war ich zunächst in Soweto, in einem Kinderprojekt und auf dem Weg dorthin begegnete mir plötzlich ein weißer Mercedes mit dunkelbraunen Scheiben abgedunkelt und alle Menschen auf der Straße liefen zusammen, liefen dem weißen Auto hinterher und riefen, Winnie, Winnie, Winnie, Winnie und somit erschloss sich mir sofort die Möglichkeit mit ihr in Kontakt zu kommen.

Es war Winnie Mandela, die erste Frau von Nelson Mandela und Politikerin und Kämpferin für die Armen.

Da ich direkt in der Nähe ihres Hauses stand, war dies für mich eine leichte Möglichkeit mit ihr zu sprechen. Ihr Haus war mit hohen Mauern umgeben. Als ihr weißer Mercedes in der Höhe ihrer Garage ankam, ging automatisch die Garagentür auf, ihr Auto fuhr ein und hinter ihr ging sofort die Garagentür wieder zu.

Ich selbst sah in diesem Moment keine Möglichkeit mehr hinter dieser großen Mauer eine persönliche Beziehung aufbauen zu können. Auch die Menschen in Soweto, die in der Nähe ihres Hauses wohnten, lebten ihr Leben normal weiter. Das Museum von Nelson Mandela steht dem Haus von Winnie Mandela schräg gegenüber. Und obwohl viele Touristen in diesem Haus ein und ausgehen, wirkte das Leben dort sehr beschaulich. Sicherlich ist die Fahrt von Winnie dort mit dem weißen Mercedes im ersten Moment präsent gewesen, aber in der gleichen Geschwindigkeit ging auch der normale Alltag weiter.

Sie selbst hat in Soweto einen guten Ruf. Sie ist bekannt dafür, dass sie sich für arme Menschen einsetzt, auch heute noch, dass sie Geld sammelt, durch politische Veranstaltungen und die armen Menschen unterstützt. Über die politische Arbeit und über die Beziehung zu Nelson Mandela wird geschwiegen. Es wird in den Vordergrund gestellt, dass sie sich um die Menschen bemüht und das sie stets bereit ist, Hilfen und Kooperationen der Unterstützung aufzubauen, was ihr eine hohe Sympathie in der Bevölkerung zu teil werden lässt.

Am Straßenrand spielen leicht bekleidete Kinder mit Blechdosen. Das langsame Laufen durch Soweto selbst bringt sehr viele Gesichter zutage. Auf der einen Seite gibt es eben diese privaten Häuser, die mit hohen Mauern umgeben sind, und dann gibt es wieder andere Bilder zu sehen, die auf große Armut deuten lassen.

Man sieht Wellblechhütten, man sieht leicht bekleidete Kinder am Straßenrand spielen und man sieht sehr viele Jugendliche, die in Gruppen zusammenstehen. Manchmal haben sie Radios auf den Schultern und bewegen sich zur Musik, manche stehen aber auch nur im Kreise und unterhalten sich. Ein bisschen hat man den Eindruck, dass jederzeit hier eine kleine sozial-politische Bombe platzen kann, aber ich lasse mich ganz vertrauensvoll auf diese Umgebung ein.

In Johannesburg down Town Hillborow, regiert schon heute das organisierte Verbrechen und nicht mehr die Polizei. 97 Prozent der farbigen Bürger wohnen hier und die nah gelegenen Hotels haben alle zugemacht. Kein Tourist würde sich hier in dieser Gegend mehr wohlfühlen und könnte beruhigt auf den Straßen entlang laufen. Die Besitzer der Wohnungen gehen mit den Wohnpreisen hoch, wenn sie merken, die Menschen bemühen sich zu zahlen. 800 Rand – ca. 150 Euro – für ein Appartment.

Ein Weißer sollte hier durch die Straßen niemals allein gehen. Ganze Straßenzüge voller Probleme und das Geschäft des Dealers und der Prostitution blüht. Pensionen für ältere

Menschen gibt es nicht, ebenso keine Unterstützung für Arbeitslose und Kranke.

Zweidrittel der Bürger sind dort ohne Arbeit und die Frage kommt automatisch in das Bewusstsein, wie können Politiker so etwas zu lassen? Wann gibt es eine Veränderung und wer hat daran ein Interesse?

Ich verlasse Johannesburg mit sehr gemischten Gefühlen. Auf der einen Seite gibt es die Bilder zu sehen, dass hochgebaute Häuser nur mit Personenschutz im Aufzug befahren werden können. Die Menschen fahren mit ihren verdunkelten Autoscheiben in die Tiefgaragen der Hochhäuser, gehen dann mit privatem Schutz in die Aufzüge, fahren in ihre Etagen zum Arbeiten und am Abend geht der gleiche Personenschutz und –kult wieder auf den Nachhauseweg.

Eine Stadt, die wunderschön ist, wenn man ihre grünen Seiten, ihre Parks, ihre kleinen Straßen sieht, wenn man aber die gesamte Situation betrachtet, kommen einem mehr Fragen als Antworten in den Kopf und das Lachen der spielenden Kinder am Straßenrand wird überdeckt mit den Dealern und Prostituierten, die am Abend auf den Straßen um Kundschaft werben. Die Armut ist zu groß.

Meine Fahrt geht weiter in den Krüger-Nationalpark...

... auf den mystischen Wegen Afrikas

Der Weg zum Krüger-Nationalpark liegt vor mir. Dennoch darf man nicht erwarten, dass hinter jedem Busch ein Elefant oder ein Büffel lauert, oder gerade an meiner Kamera vorbei läuft. Man braucht viel Zeit und Geduld. Aber wenn man zum Beispiel von einer Elefantenherde überrascht wird, ist es wunderbar. Im Krüger-Nationalpark hat man die Möglichkeit in dem gemieteten Auto selbst zu fahren und die Natur- und Tierwelt zu besichtigen, in dem Tempo, wie es für einem Selbst richtig und möglich erscheint.

Gleich am Anfang hatte ich eine besondere Erfahrung mit einem afrikanischen Elefanten, weil ich einen kleinen Weg mit dem gemieteten Auto entlang fuhr und mir plötzlich ein Elefant entgegen kam. Da der Weg sehr schmal war, hatte es sich am besten dargestellt den Weg rückwärtszufahren, da der Elefant bereits mit seinen großen Ohren zu wedeln begann und seine entsprechenden Laute immer lauter werden lies.

Da der Rückwärtsgang des Autos etwas klemmte und ich einige Zeit brauchte bis das Auto rückwärts im Sand entlang fahren konnte, wedelten nicht nur die großen afrikanischen Elefantenohren und es tönten nicht nur die Laute des Elefanten, sondern sein rechter großer Vorderfuß hat sich mehrmals in den Boden gerammt, sodass der Elefant im Staub stand und ich vor lauter Staub nichts mehr sehen konnten.

11

Mich motivierte natürlich die Situation sehr, das Auto in Bewegung zu bekommen und zurückzufahren. Einen anderen Ausweg auf diesem mystischen Weg gab es für mich in diesem Moment nicht. Und ich denke noch heute, das der Elefant damit einverstanden war.

Man muss bedenken, der afrikanische Elefant wird bis zu 4 Meter hoch und 6000 Kilo schwer. Allein seine Haut wiegt 10 Zentner, das Gehirn 5 bis 6 Kilo, das Herz 25 Kilo. Pro Tag säuft er circa 350 Liter Wasser und frisst 500 Kilo Grünes.

Der afrikanische Elefant lebt in Herden aus Kühen und Jungtieren. Die Bullen leben einzeln, nur zur Paarung kommen sie mit den Kühen zusammen. Elefanten treiben intensive Hautpflege. Sie tauchen beim Bad fast völlig unter und spritzen sich mit Hilfe ihres Rüssels mit Wasser voll. Auch in Trockenzeiten beherrscht der Elefant, die Kunst Wasser zu finden. Er bohrt Löcher, in dem er seine Rüssel als Pfähle benutzt.

In der Mittagszeit sucht der Elefant Schatten auf. Er sorgt für Abkühlung, in dem er mit seinen großen Ohren fächert. Aufgrund der riesigen Oberfläche seiner Ohren verliert er so viel an Körperwärme. Elefanten schlafen im Stehen, wie im Liegen. Allerdings atmet er bei stehendem Schlaf in der normalen Atemfrequenz. Beim Liegen nur halb so oft. Gewöhnlich schläft der Elefant 5 Stunden, davon die meiste Zeit im Liegen.

Bei natürlichen Voraussetzungen ziehen Elefanten von einem Gebiet zum anderen und können so dem Reifestand der Vegetation folgen, die sich während der Abwesenheitszeiten erholen können. Dabei legen sie oft sehr große Entfernungen zurück.

Der Elefant, der bis zu 70 Jahre alt werden kann, verbraucht in seinem Leben auf jeder Seite im Ober- und Unterkiefer 7 Zähne, insgesamt also 28. Wenn ein Zahn abgenutzt ist, wächst ein anderer nach. Sind die letzten Zähne verbraucht, muss der Elefant verhungern.

Die Tragzeit für die Geburt eines Jungen beträgt bei den Elefanten 22 Monate. Der junge Elefant, der zur Welt kommt, ist etwa 90 Zentimeter hoch und wiegt circa 90 Kilo. Er kann nach 2 Tagen in der Herde mitlaufen. Generell haben Elefanten ein hohes soziales Empfinden und sind in ihrem Gesamtverhalten furchtlos. Die gemütlichen Dickhäuter zeigen oft menschen- ähnliches Verhalten, zum Beispiel beim Weinen. Ich habe mit angesehen, wie ein alter Elefant sich zum Sterben hinlegte und die 3 folgenden Elefanten 3 Tage um den sterbenden Elefanten kreisten, um ihn zu bewachen und um ihm Schutz zu geben für das Sterben. Als der Elefant dann eingeschlafen war, konnte ich im Auto beobachten, dass allen 3 anwesenden Elefanten die Tränen aus den Augen liefen.

Später hatte ich in einem Elefantencamp einen Tierpfleger gefragt, ob meine Beobachtungen richtig einzuordnen waren, dass dies Trauertränen sind und er hat mich in meiner Beobachtung nur bekräftigt und bestärkt, da er selbst diese Einschätzung mehrmals beobachtet hatte.

Ich selbst bin vor einigen Jahren von einem thailändischen Elefanten gefallen, weil ich nicht mit meinen Füßen auf seinen Rüssel treten wollte. Ich sollte mich auf seinen Nacken setzen. Aus Achtsamkeit vor ihm habe ich mit Absicht daneben getreten und bin demzufolge abgestürzt unter den Elefanten, der auf einem Hügel stand. Zum Nachteil meiner Haut fiel ich in einen Abfallhaufen von alten Blechdosen, die die Villagebewohner dort angesammelt hatten. Meine gesamte Haut war durch diesen Fall aufgeschnitten und in Windeseile kamen Tausende von Moskitos und Mücken, da sie mein Blut rochen.

Ich versorgte sehr schnell meine offenen Blutwunden, aber das Besondere war, als ich unter dem Elefanten herausgekrochen kam hebte er seinen rechten Hinterfuß hoch, sodass ich bequem unter seinem Körper aufstehen konnte. Er bewegte seinen Kopf zur rechten Seite, wo ich stand und ich sah auch hier wieder seinen Tränen aus seinen Augen laufen, was mich wiederum bestätigte, dass Elefanten menschlichen Schmerz und Trauer nachempfinden können.

Die Villagebewohner versorgten meine offenen Wunden mit Palmenblättern und meinem mitgebrachten Jod. Ich selbst war nach 2 Tagen wieder fit, hatte aber einen der interessantesten

Erfahrungen gemacht, die mich noch heute, 20 Jahre danach sehr stark berühren.

Das war ein kleiner Ausflug nach Thailand mit vergleichbaren Erfahrungen. Nun kommen wir zurück nach Afrika und sehen in einer Baumlichtung Giraffen.

Giraffen sind mehr im Süden des Parks zu finden. Sie fressen überwiegend Blätter und sind sehr friedliebend. Sie gebären ihre Jungen im Stehen, die den Fall aus 1,20 Meter überstehen müssen. Später wurde uns von den Tierpflegern berichtet, Giraffen, die diesen Fall nicht überstehen, sind für diese Natur nicht geeignet und sterben.

Das Black Rhino sind die Nashörner, die zu den aggressivsten und seltensten Tieren im Park gehören. Das Weiße Rhino ist das Seltenste und sie fressen überwiegend Blätter und Wurzeln, wobei es für uns sehr schwer war, weiße Rhinos zu finden.

Die Leoparden sind überall zu finden. Da sie Fleischfresser sind, bevorzugen sie Impalas, Antilopen und alles andere Kleintier.

Die Geparden bevorzugen das offene Buschland und fressen überwiegend Antilopen, Affen und Zebras. Bei mir haben die Geparden einen bleibenden Eindruck hinterlassen, da sie sehr schnell sind, sie laufen 112 Kilometer in der Stunde, sind eher auf kurze Distanzen ausgerichtet, sind superschlank und gleichen unseren Sprintern auf kurzen Strecken. Ich selbst habe bei der Fahrt Gepardenbabies gesehen, die von ihrer Gepardenmutti sehr beschützt wurden. Als ich auch nur einen Meter zu dicht an die Jungen herankam, fauchte die Gepardin sofort zurück. Und ich habe sie verstanden. Recht hatte sie.

Die Büffel sind naturgemäß überwiegend am River zu finden und treten überwiegend in Herden auf.

Die Wildbeest sind Herdentiere, sie fressen Gras, Pflanzen und Wurzeln und bewegen sich meist zusammen mit Zebras und Antilopen in der gemeinsamen Herde.

Die Paviane oder auch Baboon's sind allerliebst anzuschauen. Sie springen von Ast zu Ast, sie rupfen sich die Läuse aus dem Fell, sie bespringen die Weibchen, die jederzeit bereit scheinen und sie fressen Grünes. Sie springen freudvoll umher und man kann das gesamte soziale Leben auf einen Blick lernen und es durchschauen.
Mit dem Auto bleiben wir eine Stunde stehen und beobachten das soziale Leben, das einfach Freude macht.

Die Hyänen fressen überwiegend Aas und sind von Natur aus wirklich nicht sehr schön. Selbst der wohlgemeinteste Blick findet schwer etwas Wunderschönes an ihnen. Der Kopf ist vorne hoch und nach hinten fällt der Rücken ab. Sie schauen sehr böse drein, und reißen ihre Beute entzwei und nagen sich mit ihrer langen Schnauze in die offenen Eingeweiden der Tiere. Wenn man eine Hyäne an der Straße entlang laufen sieht, kann man sofort erkennen, ob sie gerade ein Tier erlegt hat da noch sehr viel Blut an ihrer Schnauze hängt. Da sie sich immer etwas zurückneigen beim Laufen, um zu schauen, ob jemand hinter ihnen ist, wirken sie fast wie verscheucht, und wenn man etwas Gutes sehen will, bekommt man fast ein wenig Mitgefühl. Wenn gleich man bedenken muss, dass auch eine Hyäne ein Lebewesen ist.

Der schwarze Rücken des Schakals ist sehr schön anzuschauen und ist jedoch in seiner ganzen Lebensart nicht weniger gefährlich. Der Schakal reißt ebenfalls seine Beute wie die Hyäne und meistens nehmen sie gemeinsam an der Tafel des geöffneten Tierkörpers teil.

Ebenfalls sehr gefährlich sind die Wilddogs, die im Rudel auftreten. Sie laufen am Tag circa 80 Kilometer, sind jedoch von Natur aus etwas begünstigt, da sie wesentlich schöner aussehen, als die Hyäne selbst. Die Wilddogs umzingelten zeitweise das Auto und sprangen auf das Auto auf, sodass sie auf dem Dach saßen und viel Spaß hatten beim Herunterrutschen der Windschutzscheibe.

Dies war ein kleiner Einblick in die Tierwelt, die mich nun drei Tage begleiten sollte. Wie schon im Text angesprochen, braucht man um die Tiere zu beobachten sehr viel Zeit, sehr viel Ruhe und sehr viel Gelassenheit. Doch wenn man ein Rudel oder auch nur ein einzelnes Tier direkt an seinem Wagen erleben kann, ist das ein riesen Geschenk. Zu beobachten, wie sie sich vor der Sonne schützen, zu beobachten wie sich im Rudel bewegen, zu beobachten wie sie ihre Beute überfallen oder auch sich vor heranschleichenden Tieren schützen, all das sind Momente, die einem geschenkt werden, wenn man dort verweilen kann.

Der Abend war für mich das größte Geschenk in der Savanne, weil einem die Tiere dort mit all ihren Geräuschen in einen wunderbaren Schlaf singen. Oft fehlen mir die Worte für mein Tagebuch, um all diese Geräusche zu beschreiben, die in dieser Sylvesternacht wie ein Orchester in meinen Ohren waren. Ich konnte nicht einschlafen, weil ständig aus einer anderen Ecke die wunderbaren Laute und Geräusche des Dschungels in den Ohren lagen. Ich hörte das Krachen der Äste, wenn ein Tier es abbrach, ich hörte die Schreie der Affen, die umher tollten und ich hörte das Zirpen der Insekten. Diese Sylvesternacht in Letaba, so hieß dieses Village, war für mich eines der schönsten Geschenke meines Lebens.

Meine Hütte lag am Letaba River und am Neujahrsmorgen begrüßten Elefanten, Giraffen, Affen, gegen 5 Uhr den neuen Tag, das neue Jahr und ich war überwältigt von der Fülle und Vielfalt des Dschungelorchesters. Dazu kommt die aufgehende Sonne, die aufkommende Wärme sowie die Baboons, die mir beim ersten Frühstück im neuen Jahr gleich das Frühstück rauben wollten.

14 Tage lag konnte ich im Krüger-Nationalpark die Schönheiten der Tier- und Pflanzenwelt beobachten, konnte sehen, wie sich Tiere begegneten, aber auch zerfleischten, konnte miterleben, wie Babys geboren wurden und Tiere sterben. Das ganze Leben der Savanne miterleben.

14 Tage Krüger-Nationalpark gingen zu Ende und währenddessen ich aus dem Park herausfuhr, verabschiedete ich mich innerlich von allen, die mir eine solche schöne Vielfalt und Buntheit von Vegetation und Tierwelt angeboten haben. Ich war innerlich sehr bereichert und hatte für mich einen ganz neuen Bezug zu unserer wunderschönen Natur gewonnen, die für mich auf jeden Fall zu schützen gilt.

Mein mystischer Weg in Afrika geht weiter. Ich fuhr an dem Dorf der Ndebele vorbei, wo ein großes Aids-Krankenhaus an der linken Straßenseite lag. Wie wir alle wissen, steigen die Aidszahlen kontinuierlich auf der Welt an, insbesondere in Afrika. Die neuesten Zahlen sprechen von 22,5 Millionen HIV-Invizierten. Oft fehlt es an Medikationen und insbesondere an Präventionen, um dieser tödlichen Krankheit entgegen zu wirken.

Ich habe schon in sehr vielen Aids-Krankenhäusern hospitiert oder mit den Ärzten gesprochen, immer wieder wird mir berichtet, dass kein Geld für Prävention da ist und schon gar nicht für genügende Medikationen im eingetretenen Krankheitsfall.

Die Krankheit wird an ungeborenes Leben weitergegeben und somit kommen auch schon Kleinkinder mit dieser Krankheit auf die Welt. In dieser Abteilung habe ich einige Tage hospitiert, das heißt, ich habe mit den aidsinfizierten Kindern gespielt, ich habe ihre Körper massiert, ihre Füßchen und Händchen und habe bei sterbenden Kindern, die Eltern unterstützt, sofern diese anwesend waren. Denn meistens sind die Eltern selbst schwer erkrankt und zu schwach um sich um die kleinen Kinder zu kümmern.

Oft sterben in Afrika Kinder ohne Eltern, da entweder die Eltern die Kinder abgegeben haben und sich nicht mehr gemeldet haben, selbst in der Zwischenzeit verstorben sind, oder sich auch weiter nicht mehr um die Kinder kümmern. Die Ärztin dort im Krankenhaus berichtete mir, dass die Kinder auch deshalb abgegeben werden, weil die Eltern mit sich selbst zu große Probleme haben und sich nicht auch noch um die Sorgen und Nöte der aidsinfizierten Kinder kümmern können, zumal die Eltern ja oft selbst erkrankt sind.

So dicht liegen Schönheit der Tierwelt und Not der Menschenwelt zusammen. Ich maße mir nicht an, Afrika zu verstehen, da Afrika ein riesengroßes Land ist und vor sehr vielen Problemen steht. Ich maße mir auch nicht an mit unserer westlichen Sicht, die Probleme und insbesondere die Zusammenhänge zu bewerten, da ich nicht Afrikaner bin, da ich nicht in Afrika aufgewachsen bin und da ich immer nur einen Bruchteil von Afrika erleben darf.

Es fällt mir aber oft schwer zu verstehen, warum nicht elf Uhr elf Uhr ist, warum nicht rot rot ist und warum morgen nicht morgen ist. Ich habe sehr viele Menschen in der afrikanischen Welt an Bushaltestellen, an Zügen, auf der Straße beobachtet und versucht durch Fragen zu erkennen, was ein Afrikaner denkt. Auch das Nachfragen gab mir keine genügende Antwort. Eines Tages sagte Moris zu mir: „Keiner kann verstehen, wie wir denken. Keiner kann verstehen, wie wir fühlen, wir verstehen es oftmals selbst nicht". Moris war aus Soweto und arbeitete dort mit den kranken Kindern. Stellen Sie sich vor, Sie sitzen in einem Bus, der total überfüllt ist, mit einheimischen Menschen und Sie haben einen Sitzplatz bekommen. Das sieht ein junger Einheimischer und setzt sich auf Ihren Schoß. Man kann schon verstehen, dass eine lange Busreise einen Sitzplatz verschönt, und lässt dies auch zu. Was aber erleben Sie, wenn sich nach und nach der Bus leert, mehr und mehr Sitzplätze wieder frei werden, der Einheimische aber nach wie vor auf Ihrem Schoß sitzen bleibt. Erfahrungen bei einer Busfahrt durch Afrika.

Europäer und Afrikaner haben völlig unterschiedliche Zeitbegriffe. Sie nehmen Zeit anders wahr, haben eine andere Einstellung dazu. In unseren Überzeugungen der Europäer existiert oftmals die Zeit außerhalb des Menschen, also objektiv auch außerhalb von uns selbst und besitzt deshalb eine messbare Einheit. Und wenn wir ehrlich sind, sind wir manchmal von unserer eigenen Zeiteinteilung gehetzt. Wir rennen unserer Zeit hinterher und sind manchmal nur noch Diener unserer eigenen Zeit. Wir haben uns ihr unterworfen. Um in unserem europäischen System existieren und funktionieren zu können, müssen wir Termine setzten, wir müssen sie einhalten, wir müssen uns durchplanen und unsere Computer auf unseren Arbeitsstellen werden durch Termine sogar Tage und Stunden fremd kalkuliert. Wir bewegen uns innerhalb dieser Zeit, und wenn wir ganz ehrlich sind, werden wir von dieser Zeiteinteilung oftmals krank. Unsere Stresssymptome werden mehr und mehr, unsere Krankheitskosten erhöhen sich und wir sind selbst Sklave unserer eigenen Zeiteinteilung geworden. Dieses Getriebe drückt uns in Zwänge, Anforderungen und Normen und oftmals ist der europäische Mensch dadurch in einem unlösbaren Konflikt – wenn er nicht innehält, zerstört ihn seine eigene Zeit.

Ganz anders ist es jedoch in Afrika. Der Afrikaner selbst sieht die Zeit anders. Für ihn ist die Zeit eine ziemlich lockere und subjektive Einschätzung. Der Mensch hat Einfluss auf die Gestaltung seiner Zeit, auf ihren Ablauf. Die Zeit ist etwas, was der Mensch selbst schaffen kann und auch bestimmen kann. Voraussetzung ist natürlich, dass der afrikanische Mensch im Einvernehmen ist mit seinen Vorfahren und seinen Göttern.

An folgendem Beispiel, an einem Busbahnhof, mache ich diese Beobachtung deutlich. In Europa wissen wir, dass um 18 Uhr ein Bus abfährt, weil wir in der Regel dazu einen Plan finden. In Afrika selbst fährt ein Bus ab, wenn der Bus voll ist. Die Zeit ist demnach vollkommen unwichtig. Eine Versammlung wird abgehalten, wenn alle Menschen der Versammlung anwesend sind. Zum Beispiel an einem Festival weiß man, dass die Musik oder das Erleben, zwischen 12 und 15 Uhr stattfindet, eben dann, wenn alle Anwesenden da sind.

Wenn man die Menschen dann beobachtet, wie sie warten können, sind sie fast beneidenswert. Sie treten fast in einen Zustand reglosen Wartens. Ich habe bei einem Festival eine Dame über 2 Stunden beobachtet, die sich nicht mehr wie 2-mal bewegt hat und ständig in die vorhandene Menge geschaut hat. Natürlich ist es sehr heiß, wir bewegen uns in der Regel bei 30 bis 40 Grad. Natürlich sind die Mücken eine Last und sitzen oft im Gesicht, aber selbst dort werden sie reglos ertragen.

Meines Erachtens können wir von diesem reglosen Warten sehr viel lernen. Wenn ich diese Frau gefragt habe, was sie denkt, sagte sie mir: „Nichts denke ich." „Ich warte" und fast vergleiche ich es mit einem meditativen Zustand, wie wir es aus Asien kennen.

In der Regel richten sich die Menschen beim Warten sehr bequem ein. Ich beobachtete an einem Strand einen jungen Afrikaner, der sich bequem auf eine Matte legt, er hörte auf zu sprechen, er verstummte, seinen Augen gingen zur Hälfte zu, die Muskeln schienen sich ganz zu entspannen, der Kopf sank in die Schultern und er schien vollkommen zu entspannen. Erst als circa 2 Stunden später sein Freund vorbeikam, erwachte sein Körper wieder und langsam gingen sie gemeinsam ihres Weges. Hat er nun geschlafen? Hat er nur entspannt? Hat er geträumt? Hat er sich erinnert? Hat er im Inneren geplant oder gar meditiert? Auf diese Fragen bekommt man nur schwer eine Antwort und wenn, verstehen wir sie nicht. Wir bleiben mit unseren Fragen zurück. Sicherlich würde ein Afrikaner Fragen: „Warum fragst Du"?

Ich bin immernoch unterwegs auf den mystischen Wegen Afrikas."

Afrika heißt heiße Sonne, Afrika heißt große Not, Afrika heißt aber auch Wohlstand, heißt schwarz-weiß in all den Lebensritualen. Afrika heißt aber auch Widerspruch zwischen Mensch und Umwelt, zwischen der unermesslichen Größe des Kontinentes und den teilweise sehr armen Bewohnern Afrikas.

Wohin man auch schaut, es ist weit, es ist eine riesengroße Weite dieser Kontinent Afrika und ihn zu beschreiben braucht genauso viel Weite im Denken, im Empfinden sowie auch im Beschreiben.

Die Sehnsucht der Seele
Seele -
Ich höre Deine Stimme.
Und meine Seele wird ruhig
Du Afrika
ich stelle mich Dir
ich versuche mit Deinen Augen zu sehen und mit Deinen Ohren zu hören
Du Afrika
ich genieße den Tag
Du Afrika
ich schaue nachts in die Sterne und ich sehe Dein Gesicht
Du Afrika
die lange heiße Nacht raubt mir den Schlaf
Du Afrika
Aber ich höre Deine Musik, ich höre das Orchester der Savanne
Du Afrika
Du machst mich reich
Ich schaue in Deine Seele
Du Afrika
Siehst du auch meine
Sieht Deine Seele auch mein Gesicht, meine Furcht, meine Angst
Du Afrika
antwortest, du sagst mir, bleibe in deiner Kraft, die Hitze des Tages und der manchmal warme Wind und das Wasser am Morgen gibt mir die Kraft zu leben, dann muss der Rhythmus stimmen.
Pass auf mich auf, lass mich nicht verbrennen. In deiner Hitze, in Deiner Zeit ohne Wasser
Du Afrika
Dein Lachen, deine grenzenlose Freude gibt Vertrauen, gibt Hoffnung und gibt Kraft
Danke Afrika ...
und meine Seele
wird ruhig.   Karin Engel, Letaba, 31.12.1998

If you need a hand, please call me
Zimbabwe

Drei Stunden habe ich mich an der Grenze Südafrikas –
Zimbabwe aufgehalten in brechender Hitze. Der Schweiß lief
mir über das Gesicht am Rücken herunter und ich merkte, wie
mein eigener Schweiß mir in den Schuhen stand.

Die brennende Hitze Afrika hat zugeschlagen. Die Schalter
waren überfüllt, Taxis, Autos, Autobusse, Visa-Schalter,
Versicherungsanträge, Banken machten ihr Geschäft. Wenn
man in Zimbabwe einreisen will, muss man verschiedene
Versicherungsformalitäten erfüllen, es wird geschaut, ob das
Auto versichert ist, ob der Halter versichert ist. Die Menschen
müssen aus den Autos heraus, die Autobusse werden von
unten, von oben untersucht. Ich erinnere mich an die Deutsch-
Deutsche-Grenze nur viel, viel heißer.

Drei Stunden und nichts geht weiter. Auch hier musste ich
lernen afrikanisches Warten zu üben. Manchmal hat ein
Afrikaner Mitleid und lässt einem einen Meter vor, in der
langen Warteschlange, aber auch er muss warten, es gibt
keine Bevorzugungen. Die Grenze zu Zimbabwe ist ein reines
Survivaltraining. Körper, Seele, Geist werden gefordert.

Für uns, nach unserem europäischen Ermessen ist es ein
großes Durcheinander. Man kann nicht erkennen, wer für was

verantwortlich ist, man kann sich nur in diesem großen Gewusel einordnen und hoffen, dass man gerade an der richtigen Schlange ansteht, wenn denn eine Schlange überhaupt erkennbar ist, in diesem großen Gewühl von Menschen, von Fliegen auf den Gesichtern von Schweiß auf der Stirn und von schreienden Menschen, die glauben etwas anweisen zu können. Aber wenn man eines lernt unter der brennenden Hitze Afrikas, ist es in einer großen Menschenmenge, das Warten zu lernen. Und hierin übe ich mich gerade kurz vor Harare, der Hauptstadt.

Nach drei Stunden Wartens geht es gegen 15 Uhr in die Nähe von Great Zimbabwe, der alten Ausgrabungsstätte. Unterwegs sehe ich traumhafte Lodges in Pa Nagoya. Ich halte an und finde ein wunderschönes Baumhaus 23 Kilometer vor den alten Ausgrabungen von Great Zimbabwe. Ich musste nicht lange überlegen und sagte: „Ja, hier möchte ich gerne übernachten". Ich hatte noch nie in einem Baumhaus übernachtet und fand, als ich eine Steigleiter hochgelaufen bin, in circa drei Meter Höhe ein wunderschönes Appartment eingelassen in einen ganz alten Baumbestand, der von drei Seiten aus diesen Raum zu stützen scheint.

Der Raum war wunderschön ausgestattet. Den Boden und die Wände bildeten die einheimischen Hölzer, das Bett war eine Matratze umhüllt von einem Moskitonetz, was in dieser Gegend höchst wahrscheinlich notwendig ist, wenn man nicht von Insekten und Getieren des Nachts angeknabbert werden will.

Besucht wird man in diesem Baumhaus sowieso von vielem Getier, das konnte ich mir schon mittags um 15 Uhr gut vorstellen. Wie wird es wohl des Abends sein, wenn die Sonne untergegangen ist und der Mond seine Kreise zieht? Wenn die Tierwelt zugange scheint und sicherlich auch etwas neues Interessantes zu sehen gibt, für die Welt. Dieses Baumhaus hatte sogar eine Toilette. Man kann sich vorstellen, dass die Toilette ins Freie ging und mit ein bisschen Wasser hinterher gespült werden durfte. Auch eine Dusche war vorhanden, die sich zeigte mit einem großen Eimer und einer großen Schöpfkelle, die ich aus dem Asiatischen als Mandi kenne.

Interessant sind für mich immer wieder die Vergleiche zu ziehen: obwohl Tausende von Kilometern Entfernung bestehen und doch oft ähnliche Rituale und Gebräuche zu finden sind.

Mein Baumhaus hatte auch einen kleinen Tisch aus dem lokalen Holz und einen kleinen Sessel, der in die Weite blickte. Als ich auf diesem wunderschönen Sessel Platz nahm, blickte ich über einen riesen großen Nationalpark mit einem Wasserloch, an dem am Abend wohl die Impalas und Warzenschweine und andere Tiere Wasser finden sollten. So erzählte uns der nette Begleiter, der so höflich und jederzeit für mich bereit war.

Er reichte mir eine kleine Klingel, wenn ich Not hätte, oder wenn ich in Sorge bin, brauche ich nur zu klingeln und er ist zu Hilfe bereit. Seine Worte waren, und ich muss noch heute daran denken, mit welch einer Freundlichkeit und ohne jeden Hintergedanken er seinen Satz sagte: ... „If you need a hand, please call me." Dieser Satz erfreut mich noch heute, denn er klang so absichtslos, so freundlich und so hilfsbereit, wie es einem selten zugerufen wird. Seine weißen Zähne schienen so sauber, so freundlich in seiner Aussage, dass in seinem lachenden, fröhlichen, schwarzen, farbigen Gesicht, die ganze Kraft der Natur Ausdruck fand.

Der Blick in den Nationalpark entschädigte mich für alles. Nachdem ich ein leichtes Abendessen bekam, verzog ich mich in mein Baumhaus. Es war für mich ein Abenteuer. Die großen Ritzen der naturgewachsenen Wände liesen jedem Insekt, jeder Spinne, jedem Kleintier Eintritt und ich musste meine innere Haltung darauf einstellen, dass ich nicht in die Sorge ging, sondern in ein „herzlich willkommen", in ein „Okay".

Ich lebe nun eine Nacht in einem Baumhaus in Zimbabwe und war umgeben in der Nacht von Impalas, von Warzenschweinen und Zebras, die in der Nähe von meinem Baumhaus ihre Wasserstelle hatten. Ich bin ganz ehrlich. Ich habe in dieser Nacht kein Auge zugetan. Ich habe die Mutprobe nicht zu 100 Prozent bestanden. Aber das war für mich auch okay. Entlohnt wurde ich in dieser Nacht mit einem wunderschönen Orchester der dortigen Tieren, die ich zum Teil gar nicht genau einzeln heraus hören konnte. Nur die Gesamtheit der Geräusche, das Knacken der Äste, das Rauschen, das Rascheln der Blätter, das Schlürfen im Wasser, das Stampfen auf der Erde, zeigte mir „ich bin im

Zentrum und nun muss ich mein eigenes Zentrum wertschätzen lernen."

Der Morgen kam früh. Gegen fünf Uhr wurde es hell und unter meinem Moskitonetz konnte ich die vielen kleinen Insekten und Getiere sehen, die sich in der Nacht auf das Netz aufgelegt hatten und vielleicht genauso viel Angst hatten vor mir, wie ich vor ihnen.

Mein freudiger farbiger Helfer war stets zur Stelle, wenn ich ihn gebraucht hatte. Als ich mich ganz langsam von meinem Baumhaus abgeseilt hatte und unten mein Frühstück eingenommen hatte, fragte er mich, mit seinen strahlend weißen Zähnen, seinem farbigen Gesicht, auf dem schon wieder der Schweiß stand und seinen großen leuchtenden Augen: „Do you had a nice dream?" Ich lachte und sagt, natürlich ich träumte die Weite Afrikas mit all ihren Formen und Farben und Geräuschen. Afrika ist in meinem Herz angekommen. Ich bin angekommen.

Meine Fahrt geht am Morgen zur alten Festung Great Zimbabwes. Hier finde ich die Steinreste aus dem letzten Königreich, dass gegen 1200 nach Christi aufgelöst wurde. 720 Hektar Land befinden sich rund um diesen Steinberg, der der ganzen Anlage den mystischen Ausdruck verleiht. Die Steine lassen verheißen, dass zwischen dem 13. und 15. Jahrhundert zwischen 11.000 und 20.000 Menschen hier gelebt hatten. Auch heute findet man in den Ruinen noch ein altes Dorf und ich habe einige Freunde hier gefunden.

Da war zunächst der alte Heiler. Der uns viel von seinen schamanischen Künsten erzählte. Der Heiler selbst war sehr bunt angezogen, schien schon etwas älter zu sein und hatte seine Haare zu vielen, kleinen Zöpfen zusammengebunden, sodass der Wind hindurchwehen konnte. Sein Haus hatte er aus lauter kleinen handgefertigten Tonsteinen selbst gebaut und darin fand er in heißen Zeiten vor der Hitze seinen Schutz. Meistens sagte er jedoch, sitzt er davor. Ein kleines Dach über seinem kleinen Haus bot ihm in der Mittagszeit genügend Schutz vor der Hitze.

Seine Augen hatten einen großen Glanz, sie waren sehr groß, dunkelbraun in der Mitte, umringt mit einem großen weißen Kranz. Seine Wimpern schlugen bis zur Augenbraue an. Seine Zähne waren sehr verstümmelt, aber sein Lachen kam von tiefem Herzen. Es war ansteckend. Und er berichtete von seinen schamanischen Erfolgen, er berichtete, dass er sehr vielen Menschen von Krankheiten befreit hat und er beschrieb mir seinen Weg, wie er dies tut.

Zunächst muss er mit den Menschen sprechen, er muss wissen, wie sie leben, wie ihr soziales Umfeld ist und er muss wissen, was war, als sie erkrankten.

Gab es etwas Besonderes, gab es Einflüsse, gab es Veränderungen. Wenn dies nicht bekannt ist, nimmt er seine Hilfsmittel zurate. Das heißt, er hat eine handvoll Steine, eine handvoll Knochen und eine handvoll besonderer Muscheln, die dann in entsprechender Höhe und Weite fallen gelassen und geworfen werden. Aufgrund der dann vorgefundenen Systematik, Form und Strukturen gewinnt er Einblicke in Krankheitsgeschehen und verschiedene Gesundheitsschritte, die er zu beschreiben versucht. Gestehen Sie mir aber zu, dass ich nicht alles verstanden habe, vieles ist für uns Westler, auch wenn ich selbst Heilpraktiker bin und vielen naturmedizinischen Wegen sehr offen bin, schwer nachzuvollziehen. Verstanden habe ich aber, dass aufgrund der Struktur, die er dann findet, seine weiteren Schritte angeboten werden. Er kann verschiedene Kräuter kochen, die dann getrunken werden sollen, er wird mit verschiedenen Formen von Tierblut arbeiten und er kann mit verschiedenen Mineralien Krankheiten heilen. So erzählte er mir und sein gesamtes Dorf, was sich inzwischen um uns verteilte, hat dies bestätigt.

In diesem Moment habe ich dann auch eine Tanzgruppe kennengelernt, die aus jungen 12-jährigen und alten 73-jährigen Frauen und einem Mann bestand und zu tanzen und zu singen begannen. Ein Teil der schamanischen Heilung war diese Tanzzeremonie. Ich war sehr lange mit diesen Menschen zusammen und wir waren alleine. Die Sängerin hieß Francisca und war auch eine Shona. Sie lebte in der Nähe des Dorfes und hatte zwei Kinder. Sie tanzte jeden Tag hier. „It's a good job", sagte sie zu mir und bekräftigte diese Aussage mit einem strahlenden Lächeln und die weißen

Zähnen kamen in diesem schwarzen Gesicht und der hellen, grellen Sonne zu einem wunderbaren Schein hervor. Später stellte sie mir dann die Anderen dieser Tanzgruppe vor. Aber ich hatte das Gefühl, dass es ihr gefallen hat und es ihr gut ging.

Die alte 73-jährige Dame stand später auf und tanzte, tanzte ganz alleine und anscheinend nur für mich. Anschließend nahm sie ein kleines Stück Silberpapier von ihren Zigaretten, die sie gerne rauchte, und bastelte mir daraus einen Ohrring, den sie mir als Geschenk mitgab. Sie faltete das Silberpapier so klein, rollte es dann mit ihren alten von Arbeit gezeichneten Händen, rollte es so klein, dass es in meine Ohrlöcher passte.

Somit war ihr Geschenk für mich, ein Ohrring, fertig. Alle anderen der Tanzgruppe lachten und tanzten, tanzten fröhlich zur Musik in der brennenden Sonne Afrikas. Nichts schien ihnen zu heiß, keine Bewegung zu viel und es schien als brauchten sie noch nicht einmal Wasser – im Gegensatz zu mir.

Schon vom Ansehen wurde es mir heiß und heißer. Die Arme und Beine schienen wie zu fliegen, in diesem sandüberströmten Dorf. Dann kamen sie zu mir und luden mich ein mit ihnen zu tanzen und es viel mir nicht schwer ja zu sagen, denn ihre Freude ist ansteckend. Alle lachten und freuten sich, dass wir zusammen uns zur Musik bewegen konnten. Mir jedoch lief der Schweiß wieder über das Gesicht, den Rücken in die Schuhe herunter und ich stand zum zweiten

Mal in Zimbabwe in meinem eigenen Schweiß. Afrika du bist so heiß.

Die Männer, die am Tor saßen, schnitzten Holzfiguren und eine alte Dame arbeitete mit Ton. Sie hatte fünf Kinder und arbeitete jeden Tag. Ihr Mann war tot. Die Shonas sind der größte Stamm in Zimbabwe, er ist sehr offen, sehr herzlich und arbeitet natürlich gerne oder auch aus der Not heraus mit den Touristen zusammen. Das Wahrzeichen und auch seit 1903 das Wappen von Zimbabwe ist der Fisheagle (Fischadler), der überall am Straßenrand verkauft wird. Der erste Eindruck und der letzte Eindruck von Zimbabwe ist der Fischadler.

Wenn man vom Süden her kommt, denkt man, man fährt in die Schweiz. Man wird umsäumt von riesigen Bergen, die in weißen Wolken verhangen sind. Es ist ein sehr grünes Land und die Berge, Wiesen und die Abendsonne werden eingerahmt in weißen Wolken und hellblauem Himmel. Es war ein tolles Farbenspiel und es machte Spaß, wie man die Menschen am Rande der Straße mit Fingerzeichen zum Beispiel Daumen nach oben, begrüßen konnte. Alle Menschen grüßen zurück und es schien eine besondere Bedeutung zu haben, ich war der Meinung es war eine gute Bedeutung und ich lerne wieder mehr und mehr auf meine eigene Intuition zu hören.

Und der mystische Weg Afrikas geht weiter zu den großen Victoria-Wasserfällen. Ich habe mich sehr auf diese

Wasserfälle gefreut, da ich fast alle großen Wasserfälle der Welt gesehen habe, aber leider wurde ich an diesem Tag sehr enttäuscht. Es hat in strömen geregnet und man konnte von den verschiedenen Standpunkten her die Fälle nur schemenhaft erkennen, weil der Regen und dadurch auch die Wasserfälle zwar sehr tosend waren, aber kaum zu sehen waren. Die Gicht war so groß, dass man die Fälle nur erahnen konnte. Ich liebe die Gicht der Fälle, ob es die afrikanischen Wasserfälle sind oder die großen amerikanischen Wasserfälle sind, ich liebe Wasserfälle, ich finde ihre Energie, die ausgeströmt wird, mitreisend und ich liebe den Duft des aufsprühenden Wassers und auch die Wasser von Iguacu, die ich mal in Paraguay überfliegen durfte mit einem Helikopter, haben mir ein großes Maß an Zufriedenheit geschenkt.

Hier die Viktoria-Wasserfälle in Zimbabwe sind eine der größten Fälle, aber leider für mich wenig sichtbar gewesen. Dennoch habe ich ihren Zauber und ihre Mystik im Herzen behalten und erfreue mich noch heute an diesem Anblick aus schemenhaften Fällen, aus wolkenbruchartigen Wasserfällen und Regenfällen und aus der Gicht, die daraus hervorkam. Ein Tag besonderer Fülle von Energie.

Die Fälle sind sehr beeindruckend. Ganz friedlich fließt der Sambesi entlang der grünen Landschaft. Getragen von Sambia und Zimbabwe. Und dann brechen die doch so friedlich anbahnenden Wassermengen zusammen. Während dieser 1,7 Kilometer Länge fallen sie zu 108 Meter in die Tiefe. Du hörst nur noch das Getöse. Du spürst das Wasser, die Gicht in der Luft. Die Gicht ist so stark, dass sich auch das

Wasser in Deinen Augen wiederfindet. Du bist ständig nass. Mitten in diesem Naturschauspiel zu sein und mitten in diesem Getose zu stehen ist eine besondere Faszination der Fälle. Die Feuchtigkeit umlegt sich auf den ganzen Körper, alles ist nass und feucht und klamm. Aber die Paviane, die säumen den Weg und halten Ausschau nach Futter und lenkten etwas von der großen Feuchtigkeit ab. In einer kleinen Hütte finde ich Schutz und schreibe folgenden Gedanken.

ENERGIE

Gedanken und Gefühle,
sie schwimmen im Strudel der Zeit.
Gedanken und Gefühle
bereichern das Innere und fragen, bist Du bereit?
Gedanken und Gefühle,
was immer auch sei
Gedanken und Gefühle
helfen und machen Dich frei.

Getöse
umrahmt meine Ohren, meine Stimme und mein Gefühl.
Getöse
wirbelt mich auf und sortiert Dich und mich.
Getöse
es hilft Altes zu erkennen.
Das Getöse
hilft der Seele sich selbst zu kennen.
Getöse
hilft der Seele was zu finden ist.

Es wirbelt und sprudelt und reist Dich herab, in die Tiefen der Sinne
und hält Dich in trab.

Du hälst Dich, Du denkst Du bist verloren, doch da kommt die
rettende Seele und singt sich in Deine Ohren.

Komm lass los, was alt war und verbraucht, beginne zu filtern, zu
leben, wie das Sprudeln im Hauch.
Lebe, lebe wohl, ist es ein Appell an Dich und an des Lebenslohns?
Lebe, lebe wohl, es sprudelt, es wirbelt, es macht des Lebens Lohn.
Karin Engel, am Morgen des 13. Januar 1999, Victoria Falls.

Parfuri der Märchenwald in Südafrika.

Parfuri Märchenwald im Krüger-Nationalpark in Südafrika, er ist voller Fantasien und er weckt die Sinne der inneren Welt, er bringt sie zur Entfaltung.

Die Fauna singt ihr eigenes Lied und du kannst es hören, wenn du die Stimme verstehst.

Die Schmetterlinge reizen deine Ideenwelt und nur sie können mit den Flügeln davon fliegen.

Die Gräser wiegen sich im Wind, zum Klang der Savannenmusik. Zirpen, grillen, pfeifen, Vogelgezwitscher sind die Instrumente des Savannenorchesters.

Alles aufeinander abgestimmt, nur der Wind fliegt leise durch mein Haar.

Parfuri Märchenwald,
Wald der Hexen und Gaukler,
Wald der Musik und Legende.
Affenbrotstämme so groß wie die Einfahrt in ein Camp.
Baumwipfel wie die Kronen der mächtigen Könige des Landes.
Ein Eisvogel fängt im freien Sturz einen Fisch, armer Fisch.
Um mich herum tanzen Impalas ihren Sonnentanz, sie laufen
zwischen den einzelnen Strahlen der Sonne umher und springen
dabei breite, weite Sprünge.

Parfuri Märchenwald,
Wald der Hexen und Gaukler,
Wald der Magier und Tänzer.
Mystik und Legende findet hier ihr zuhause.
Und wenn du genau hinhörst, spielen Sie miteinander, sie hopsen
und springen und bewegen ihre und meine Fantasie.
Die Bäume im Märchenwald erzählen ihr Leben. Ihre Äste zeigen
uns Spuren und geben uns Fragen auf.
Ihre Rinde verrät uns Erfahrung, sie geben Schutz und laden zum
Anlehnen ein. Natürlich sind ihre großen Wipfel und bewegen sich
zum Klang des Morgenwindes.
Sie bewegen sich im Hauch des Morgentaues und bewegen uns und
unsere Fantasie.

Parfuri Märchenwald
Raum der Sinne und Reize
Raum für Mystik und Legenden
Raum für Gestalt und Form
Raum für Leben und Sterben

Parfuri Märchenwald
Wald der Bäume und Lianen
Wald der Sehnsucht und Fantasie
Wald des Lichtes und des Schattens
Wald der Poesie

Parfuri *Märchenwelt*
Welt des Glanzes und des Scheines
Welt der Nacht und auch des Raumes
Welt der Not und auch des Lebens
Raum für jede Form des Schwebens
Wegweiser Märchenwelt,
Schweben, wiegen, winden, klingen
Sind die Laute der Musik
Töne, die die Lianen singen
Bringen dich zur Grenze der Mystik

Parfuri *Märchenwald*
Der Schmetterling fliegt seine Route und bewegt dich mit im Geist, er bewegt nicht nur seinen Körper, sondern auch den Raum der Zeit.

Parfuri *Märchenwald*
Märchenwunder Hexerei, alles, alles ist dabei, mach Dein Herz auf und gesunde, ruf es aus in alle Munde.
Lieb das Leben, lieb den Brauch, lieb die Liebe … ich liebe sie auch.

Märchenwunder Zauberei, alles ist so frei von Zeit
Pausen, Ausruhen alles ist erlebt, drum check the time – ich tue es auch.

Afrika ich danke dir.

Karin Engel, Parfuri, 1998

Okawango – Leben am Fluss
Botswana

Der Grenzübergang Zimbabwe nach Botswana ist nicht so aufregend, wie die gemachte Erfahrung in Botswana selbst. In zwanzig Minuten ist alles erledigt, die Formalitäten, die Zöllner sind zufrieden. Ich freue mich, Gott sei Dank, kein Stress an der Grenze.

Botswana macht auf den ersten Blick an der Grenze einen sehr prachtvollen Eindruck auf mich. Saubere Straßen, Straßenmarkierungen, prunkvolle Schilder, die Dir den Weg zeigen. Zu dem stundenlangen Gewarte an der Grenze zu Zimbabwe kein Vergleich. Alles scheint hier geordnet, alles scheint hier seinen Weg zu gehen und man merkt, man ist in einem wohlhabenden Land. Allerdings, dass finde ich später heraus, sind auch die Unterkünfte entsprechend teuer. Gleich vier Kilometer hinter der Grenze fahre ich zur Safari-Lodge um eine Nacht hier zu bleiben. Ich wollte unbedingt den Chobe-River erleben und startete schon morgens um vier Uhr, um bei aufgehender Sonne, die ganzen Tiere an der Tränke zu sehen.

Die nächtliche Safari auf dem Chobe-River war ein afrikanischer Traum für mich. Sechzehn Rhinos, zwei Krokodile und dann kam der besondere Anblick. Zwei Herden Elefanten von jeder Herde dreißig bis fünfzig Elefanten kamen in leichtem Trapp zur Tränke gelaufen. Kleine, Dicke, Alte, Schwere, Leichte, Natur pur. Unser Schiff, auf dem wir fuhren, fuhr ganz, ganz langsam, damit uns die Möglichkeit gegeben werden konnte, dieses Naturschauspiel zu erleben. Vor lauter Aufregung habe ich vergessen meinen Fotoapparat fertig zu machen. Aber solche Erlebnisse kann man einfach nur einmal erleben und da wollte ich mir mit der Technik diese Situation nicht verkleinern. Die Natur war der Meister aller Meister.

Die Anführer der beiden Elefantengruppen, liefen jeweils vor der eigenen Gruppe vorweg, trafen sich in der Mitte, standen sich gegenüber und jetzt kam das Besondere. Die großen afrikanischen Ohren wedelten, das vordere Linke Bein stampfte auf, abwechselnd das Linke und das Rechte und es kamen viele Laute aus dem großen afrikanischen Maul. Die jeweiligen Herden blieben hinter dem Anführer eine Zeit lang stehen und es schien, als ob die beiden vorderen Elefanten sich einigten, wer zu erst zu dem River herunter ging, der an einer kleinen Wölbung lag. Und so kam es auch. Man einigte sich, die eine Gruppe ging vor und dann kam die andere Gruppe hinterher. Doch dieses Schauspiel war ein Besonderes. Die kleinen Elefanten wussten nicht genau, wie sie diesen Berg herunter rutschen sollten, um an das Wasser zu gelangen und ließen sich einfach tapsig auf ihren Hintern fallen und rutschten dann auf dem Sand herunter bis zum Fluss.

Die etwas erfahreneren Elefanten liefen ganz schnell zum Fluss und die Alten gewannen Raum und gingen einzeln zum Fluss. Der Chobe-River ist dafür die einzigste Möglichkeit genügend Wasser aufzunehmen, wenn wir bedenken, wie viele Liter ein Elefant in einer Stunde aufnehmen kann.

Es war ein Naturschauspiel sondergleichen. Circa einhundert Elefanten zu sehen, wie sie sich in diesem Zusammenspiel von Sand und Wasser zu freuen scheinten. Sie ließen sich in dem Wasser nieder, sie ließen ihre Töne von sich, sie saugten Wasser in ihren großen Rüssel auf und bespritzten sich gegenseitig mit diesem Wasser, um ihre oberen Dickhäuter zu befeuchten. Die Kleinen ließen sich ganz ins Wasser ein, die Größeren kamen nach. Alles schien hier in Ordnung, wenn gleich keine Mühe und keine Hektik aufkam. Alles hatte Raum und Zeit und vor allem viel, viel Freude. Dieses Naturschauspiel liegt noch heute in meiner Erinnerung, denn ich spürte in diesem Moment, wie Mensch, Tier und Natur eins sind.

Leben und Leben lassen, Leben geben und Leben schaffen.

Freude geben und Angst nehmen,

Erfindungen Raum geben und dennoch keine Not schaffen.

Werden wir Menschen es je verstehen?

Vertrauen stärkt
Namibia

Ich habe mich sehr gefreut. Ich bin in Namibia. Wir alle wissen, dass wir eine deutsche Geschichte in Namibia hatten und ich wollte sie kennenlernen. Ich wusste einige Menschen können hier noch Deutsch sprechen und das mitten in Afrika. All das hat mich sehr gereizt, Namibia kennenzulernen. Vorbei am Chobe-Nationalpark und gleich zu beginn – Büffel. Büffel ohne ende, Büffel jede Menge. Da standen sie, die gefürchteten Büffel, als Grünfresser bekannt und mahlten ihr Frühstück im Maul zu Brei. Viele tausend Kilometer lagen noch vor mir. Bei Kilometer 13.011 erreichten ich nach langer Fahrt, die Grenze zu Namibia.

Die senkende Hitze lag mir im Nacken und ich überfuhr den Okawango. Das Wasserbecken Botswanas und Namibias.

Der Okawango ist ein riesengroßer Fluss und ich habe seine Ausmaße nur erahnen können, aber einen Teil davon habe ich mit dem Fotoapparat aufgenommen.

In dem Moment, als ich den Okawango fotografiert habe, sprangen fünf Soldaten aus dem Busch und umringten mich mit ihren angeschlagenen Maschinenpistolen.

Sie wollten meine Kamera haben, da ich hier im Grenzgebiet bin und nicht fotografieren darf.

Dies war nicht bekannt, dies war nicht angeschlagen und ich war auch schon einige Kilometer von den Grenzübergängen weg. Ich hatte den Eindruck, es ging hier nicht um die Grenzformalitäten, sondern es ging darum, dass die Soldaten meine Kamera haben wollten.

Ich verwehrte mich und wollte meine Kamera nicht abgeben. Ich hatte immerhin die halbe Welt damit fotografiert und sie ist ein Teil von mir geworden. Ich bot das Filmmaterial an, dass ich gerade von den Büffeln aufgenommen hatte. Ich zeigte ihnen meinen Kofferraum, der mit Kartoffeln und Gurken und Gemüse belegt war, aber nichts half. Sie stachen mir mit einem Nagel in den linken Ellenbogen und wollten mich mit Schmerz bewegen, meine Kamera herzugeben.

Dem gab ich nicht nach und habe gebeten, den Vorgesetzten sprechen zu wollen. Da ich merkte, dass es hier um ganz andere Dinge geht, als gesagt wurde.

Ich bin mit der Gruppe von Soldaten mitgegangen und war dort ein Tag im Gefängnis, bis der Vorgesetzte ankam. Dies war leider gegen Abend und wir konnten uns ruhig unterhalten. Ich gab das Filmmaterial ab und bin mit meiner Kamera wieder weitergefahren.

Wieder ein Zeichen dafür, dass man auch in solchen Situationen im Vertrauen bleiben soll, in der eigenen intuitiven Kraft und nicht unbedingt der Angst nachgeben soll. Wenn gleich dies kein Allgemeinrezept ist, sondern nur ein Ausdruck selbstgemachter Erfahrung.

Ich war etwas gelöst und befreit, als ich aus diesem Gelände der Polizei weggefahren bin, immerhin muss man bedenken, dass die dortigen jungen Soldaten teilweise Grenzsoldaten zu Angola waren und Angola in den letzten dreiunddreißig Jahren nichts als Bürgerkrieg kannten. Ich erinnere mich noch Tage danach, an die aggressionsbesetzten Augenausdrücke der, ich denke 18- bis 20-jährigen Soldaten. Wenn man überlegt, es ging nur um eine Kamera, wie muss es erst sein, wenn diese Menschen, die nichts in ihrem Leben außer Krieg, Gewehre und Tote kennengelernt haben, wirklich zu kämpfen anfangen.

Es ist schon eine besondere Situation, so nah der Gewalt ins Auge zu schauen und trotzdem in der Kraft zu bleiben und nicht in die Angst zu gehen. Denn immerhin habe ich nicht gewusst, zu welchem Ausmaß an Gewalt diese fünf jungen Menschen bereit gewesen wären.

Es war ein Versuch standhaft zu bleiben und es war ein Versuch, die eigene Kraft zu spüren. Das Ausmaß der eigenen Kraft, ohne überheblich zu werden und ohne sich selbst zu überschätzen. Jederzeit offen zu bleiben für Beobachtungen und für Empfindungen, die aufkommen, wenn sich kleine Situationen verändern.

Der Kommandant schien sehr gesprächsbereit und von daher hatte ich auch beim Abfahren ein gutes Gefühl und nicht das Gefühl noch irgendwann auf den vor mir liegenden 600 Kilometer Caprivizipfel überrascht zu werden.

600 Kilometer Caprivizipfel lagen vor mir.

Aber es kam ein neues kleines Abenteuer, denn der Caprivizipfel, ein langer Weg vom Ende Botswanas Anfang Namibia war voller Schlammmassen und ich hoffte, dass mein Auto diese Schlammmassen überwinden konnte. Ich hatte lediglich vier Räder und einen Toyota.

Nach viel langsam fahren und viel austesten von Tiefen von Löchern, von umfahren von großen Wasserlöchern, von Einschätzen von Tiefen und Weiten, von Unebenheiten habe ich es geschafft, viel heiß, viel Staub, aber ich kam durch.

Die letzten Kilometer am Caprivizipfel sind gesäumt von Menschen, die nach Namibia einfahren wollen, aber kein Auto haben. Sie wollen mitgenommen werden und da es mir unmenschlich erschien ein Auto zu haben und all diese vielen Menschen am Rande stehen zu sehen, habe ich einen netten jungen Mann eingeladen mitzufahren.

Er hat gutes Englisch gesprochen und wir haben uns etwas unterhalten, auf der Fahrt. Er hat mir auch geholfen, dieses soziale Projekt zu finden, was ich aufsuchen wollte.

Als ich diesen jungen Mann, der Tom hieß, fragte, wie es ihm ginge, antwortete er, und diese Antwort werde ich in meinem Leben nie vergessen, mit einem Strahlen auf den Wangen, mit seinen großen weißen Zähnen, mit seinen offen lächelnden Augen: „Mir geht es gut, wir haben keinen Krieg."

Nur jemand, der einen Krieg erlebt hat, der weiß was 33 Jahre Bürgerkrieg bedeuten, der weiß, welchen Preis ein solcher Krieg kostet, kann diesem Satz Ausdruck geben.

Dieser Satz hat mich im Herz erreicht und mir kamen die Tränen. Man hätte im Auto eine Stecknadel fallen hören, so ruhig war es auf einmal. Der Satz war so tiefgründig, dass jedes andere Wort nur gestört hätte.

Er saß auf der hinteren Bank in dem gemieteten Toyota und ich ahnte, dass er meine Tränen im Rückspiegel gesehen hat.

Ab dann hat er geschwiegen. Ich auch.

Ich werde diese Worte nie vergessen.

„Mir geht es gut, wir haben keinen Krieg."

Hochwasser im Rondel
Etoscha-Pfanne/Namibia

5500 Kilometer bin ich schon gefahren. Und die Etoscha-Pfanne mit all ihren Tieren und ihrer Kargheit ist nicht mehr lange hin.

Zuvor haben wir jedoch noch bei Grootfontein einen Meteorit besichtigt, der vor 80.000 Jahren aus dem Weltall zu uns zu Besuch kam und circa 60 Tonnen wiegt. 85 Prozent des Materiales sind aus Eisen und die liegen hier vor uns. Es ist nicht zu beschreiben. Wenn man überlegt, wie lange dieser Meteorit schon existiert und wie er hier zu uns auf die Erde kam. Den Meteorit umgeben ein Steinkreis und man kann wie in einem Amphitheater sitzen. Ich lasse mich nieder und nehme die Schwingungen auf, die von dem Meteorit ernorm ausgehen. Ich versinke in eine tiefe Meditation und stelle mir vor an diesem Ort Seminare machen zu können. Allerdings denke ich – eine irre Anreise.

Die Schwingungen sind enorm. Es wird mir immer wärmer. Es hat den Eindruck, dass die Wärme von dem Meteorit ausgeht.

Nach einer langen Zeit verabschiede ich mich von dem Hoba-Meteorit; Glanz und Atmosphäre pur. Ein kleiner Abstecher zu Urwelt hat mich total in den Bann gezogen und verfolgt mich noch lange Kilometer bis zum Gate of Etoscha.

Die Etoscha-Pfanne selbst ist eine Salzwüste und ist sehr weiß und sehr karg. Hier gibt es aber andere Tiere zu sehen, wie im Krüger-Nationalpark. Man kann auch selbst mit dem Auto durch die Etoscha-Pfanne fahren, muss nur immer schauen, dass man genügend Benzin und Wasser lädt. Ich sehe die Löwen, die faul in der Sonne liegen und abwarten auf das, was passieren kann. Sie schienen satt zu sein, denn sonst wären sie mehr auf der Hut.

Lange stehe ich davor, die Löwen gähnen gelangweilt, man hat den Eindruck, als wenn der Tag einfach an ihnen vorbei zieht und wenn sie satt sind, sehen sie recht kuschelig aus. Das Maul ist sehr groß, gerade beim Gähnen und ich könnte mir gut vorstellen, dass mit einem Biss ein Menschenkopf verschlungen werden kann.

Die Natur spielt hier ihre ganze Kraft aus. Es ist beeindruckend, wenn man nur eine halbe Stunde bis Stunde dort steht, welch eine Fülle von Tierherden an einem vorbeiziehen.

Durch das die Etoscha-Pfanne eine solche Größe und Weite darstellt, kann man hier überwiegend Herdentiere sehen und das hat schon einen anderen Eindruck wie im Krüger-Nationalpark.

In dieser Nacht sollten wir jedoch ein besonderes Spektakel erleben, von dem wir beim Abendessen noch keine Ahnung hatten.

Für mich verwunderlich und nicht nachvollziehbar, in den großen Tiernationalparken Afrikas gibt es überwiegend Fleisch zu essen. Also die Tiere, die man tagsüber sehen kann, kann man dann am Abend essen. Für mich als Vegetarier eine unvorstellbare Größe. Aber das ist eben auch afrikanisches Leben.

Unsere Hütten sind überwiegend afrikanisch gebaut, das heißt es sind runde, lehmgeformte Rondels, die eingerichtet sind mit einer kleinen Küche und einem kleinen Badezimmer und einem Bett, das mitten im Raum steht.

Ich lege mich zum Schlafen hin und freue mich noch über die ganzen Tiergeräusche, die weit weg noch zu hören sind, wenn gleich die Unterkünfte in der Etoscha-Pfanne umzäunt sind und man sich in Sicherheit wiegen kann.

Ich schlafe tief und fest und werde plötzlich in der Nacht wach. Ich traue meinen Augen nicht. Es hatte wohl seit langen Jahren das erste Mal wieder in der Etoscha-Pfanne geregnet und die Erde nimmt, wenn sie so hart erwärmt ist, so schnell die Feuchtigkeit nicht auf, das heißt, das ganze Regenwasser bleibt auf der Erde liegen. Das Wasser drang in unsere Hütte ein. Diese Hütte war bereits bis zu meinem Knie im Wasser.

Jeder von Ihnen kann sich vorstellen, wie man sich fühlt, wenn man nachts mitten in Afrika wach wird und alles um einen herum schwimmt. Der Rucksack, der am Boden stand, schwamm, die Schuhe schwammen, dass mitgebrachte Essen schwamm, die Kleidung, die man abgelegt hatte schwamm und mit diesem Anblick wurde meine Angst größer und größer. Licht anmachen war nicht möglich, Hilferufe haben nichts genutzt, draußen war alles dunkel. Ich habe mich nicht getraut auch nur einen Fuß vor dieses Bett zustellen, da ich nicht wusste, welche Schlangen, welche Echsen, welche Spinnen sich in diesem Wassertümpel rund um mein Bett tummelten.

Und ich gestehe – ich hatte irre Angst.

Wenn das Wasser so hoch schon im Raum steht, schien es mir unmöglich die Tür zu öffnen. Die kleinen Fenster, die zum Schutz vor der Sonne natürlich klein gebaut waren, schienen für mich nicht groß genug zu sein, um auszusteigen. Wenngleich draußen in der Natur natürlich dasselbe Wasser stand. Ich betete und reif abwechselnd um Hilfe. Die Zeit verging, Sekunden langsam. Ich hörte mein Herz schlagen bis zum Hals.

Das Wasser stieg und langsam erreichte es den Bettrand und ich saß zusammengekauert in der Bettmitte. Ich rief um Hilfe.

Meine Taschenlampe, die ich immer im Dschungel an meinem Bettrand habe, war mir eine Hilfe, denn somit konnte ich zumindest subjektiv beurteilen, was sich um mich herum gerade bewegte.

Und plötzlich, wie durch ein Wunder, kamen Lampenscheinwerfer durch die Fenster in das Rondel. Ich schrie ganz laut um Hilfe und hatte auch eine Antwort erhalten. Auf englisch rief ein Mann, dass er mir helfen würde.

Er öffnete von außen mit Gewalt die Tür und so konnte das Wasser heraus fließen, nicht schnell, ganz langsam, denn draußen stand das Wasser ja genauso hoch.

Aber es half nichts, ich musste durch das Wasser treten, um dieses Rondel zu verlassen. Ich hatte irre Angst, denn ich wusste nicht, in welches Tiergehege ich gerade treten würde. Aber da die Männer, die Hilfsmannschaft auch im Wasser standen hatte ich etwas Mut bekommen und außerdem gab es keinen anderen Weg. Ich nahm meinen ganzen Rest Mut zusammen, leuchtete mit der Taschenlampe in das dunkle Wasser, das mir bis zu den Knien ging, und durchschritt diese Wassermassen.

Ich packte meinen total triefenden Rucksack, ein paar nasse Kleidungsstücke und meine Schuhe und verlies das Rondel.

Meine Taschenlampe zeigte mir den Weg nach außen und die Männer riefen mir zu, den Weg geradeaus zu gehen, denn dort fand ich dann alle anderen Menschen, die ebenfalls in diesem Camp übernachteten, teilweise sogar mit ihren durchtränkten Zelten. Es wurden kleine Scheinwerfer angebracht.

Alle Menschen zitterten und froren vor Angst, vor Nässe, denn die, die in den Zelten übernachteten wurden direkt von dem Wasser erwischt. Manche Menschen waren noch im Schock. Ein Italiener schrie umher. Andere tauschten ihre Gedanken mit dem Wasser aus.

Erstaunlicherweise blieb die Panik gering, dank der afrikanischen Helfer, die sich im Übrigen sehr über den Regen freuten. Denn seit Jahrzehnten hatte es dort an dieser Stelle nicht mehr geregnet. Die Afrikaner tanzten im Regen und freuten sich ganz im Gegensatz zu uns. Währenddessen wir die einzelnen Gäste des Camps zusammengekauert aushielten, tanzten und freuten sich die Afrikaner und ich setzte mich einfach dazu …

Eine Impression

Glücklich sein, sind die Augenblicke im Leben, die die Minute zum Tag ja zum Leben bringen.

Glücklich sein, sind die Augenblicke im Leben, die die Welt mit ihren Schmerzen verwandelt, in ein Meer voll Sinne und Impulse.

Glücklich sein, ist der Augenblick, der die Welt der Materie und die Welt der Sinne verschmelzen lässt und einen neue Dimension erreicht.

Die Dankbarkeit verwandelt den Schmerz in eine Fülle von Erfahrung und Erinnerung.

Danke für jeden neuen Tag.

Karin Engel

Etoscha-Pfanne am Morgen des 18. Januar 1999.

Wir verabschieden uns von der Etoscha-Pfanne, beeindruckt, überwältigt und geschmeichelt von dem Glück zu überleben, in einer rauen Natur, geprägt von Schönheit und Farben, geprägt von Natur und Hoffnung, geprägt auch von dem Wunsch eines jeden Tieres zu überleben in der Wildheit des Überlebenskampfes.

Das Buschmann-Projekt
Namibia

„Man muss etwas, sei es auch noch so wenig, für diejenigen tun, die unsere Hilfe brauchen. Aber nicht um Lohn dafür zu empfangen, sondern aus Freude es tun zu dürfen."

Albert Schweizer

So fangen die einladenden Sätze an, auf dem Schild zur Ombili-Stiftung in der Nähe des Etoscha-Parks.

Ich hatte mich vorher erkundigt, welches nennenswerte soziale Projekt hier in der Nähe ist, dass ich aufsuchen und unterstützen kann.

Und mir wurde überwiegend von den Menschen auf dem Weg nach Namibia berichtet, dass es das Ombili-Projekt in Tsumep ist. Generell suche ich auf meinen Reisen soziale Projekte, die ich zum einen unterstützen kann, ob es materiell ist oder ideell, oftmals sind es auch Coachings, die ich den Projektleitern anbiete, denn wenn man überlegt, diese Persönlichkeiten geben alles in ihrer Heimat auf und widmen sich ganz der Not in dem jeweiligen Land.

Die Projektleiter selbst sind oft außergewöhnliche Persönlichkeiten und haben eine sehr starke Kraft und

Überzeugung, sonst könnte man sicherlich mit den auftretenden Problemen und großen Herausforderungen die Natur und Tier und Mensch fordern nicht so gut umgehen.

Aber eine Not haben oft diese Projektleiter. Sie sind ganz alleine. Sie werden zwar begleitet von einheimischen Kräften, aber sie selbst als Person bleiben mit ihren Wünschen und Träumen oft alleine. Deshalb hat sich herausgestellt, dass die Projektleiter sehr gerne die Coachings annehmen, um für sich selbst auch wieder neue Ziele und Kräfte zu entwickeln.

Das ist einfach meine kleine Unterstützung, die man geben kann, wenn man auf solchen sozialen Reisen unterwegs ist.

Außerdem bin ich bemüht Projekte zu finden, die auch von studierenden oder sozial engagierten Menschen aufgesucht werden können, um dort gegebenenfalls eine Zeit lang mitzuhelfen und zu unterstützen.

Hier habe ich bereits entsprechende Kooperationen mit Fachhochschulen und Hochschulen aufgebaut, die an solchen Projekten auch interessiert sind.

Die Ombili-Stiftung wurde 1989 gegründet und der Name Ombili bedeutet auf Ovambo – Frieden.

Der heutige Standort wurde 1990 errichtet. Inzwischen leben dort 280 Personen, die ausschließlich Buschmänner sind und früher vom Jagen und Sammeln lebten.

Der Tag kommt und der Tag gibt ... das war das Lebensmotto der Buschmänner, bevor sie ihre Jagdgründe verloren haben.

Sie wurden von den Herero, Ovambos und Bantus in immer unwirklichere Gegenden verdrängt. Heute gibt es noch circa 100.000 Buschmänner, die sich vom Jagen und Sammeln von Beeren ernähren. Ombili versucht, den Familien durch die Ermöglichung von Arbeiten für die Gemeinschaft Geld zu verdienen um Mais, Hirse, Fleisch etc. zu kaufen. Mais, Hirse, Fleisch wird auch von Zeit zu Zeit gestellt von der Ombili-Stiftung. Das Schulgeld zum Beispiel, 25 Euro im Jahr und Kleidergeld 40 Euro im Jahr für die Kinder, müssen erwirtschaftet werden.

Das heißt, die Frauen machen Kleinkunst, die Männer ebenso, sodass die Kleinkunst verkauft wird. Das Ziel der Stiftung ist es sich selbst zu tragen, allerdings ist es zurzeit nur durch Spenden, der Regierung und des Lions-Clubs möglich.

Frau Beate Mais-Rische leitet diese Anlage, und wie ich den Eindruck habe, sehr kraftvoll und mit Herzblut. Wenngleich die Führung für sie sehr viel Kraft kostet, wie sie mir selbst berichtet. Aids ist ebenfalls ein großes Thema und die Blutkonserven sind inzwischen nur noch für Kinder von 8 bis

12 Jahren. Man geht davon aus, dass dieses Blut unbeschadet ist. Deshalb wird hier keine Kontrolle vorgenommen.

Fakt ist, dass auch schon viele Kinder HIV-infiziert sind und Mädchen sehr jung aus dem Land zu Baustellen gefahren werden, um dort für 10 Dollar der Prostitution nachzugehen.

Wenn AIDS-Prävention gemacht wird, wird unter den einheimischen Menschen gemunkelt, der weiße Mann wolle den Sex verbieten.

Die Regierung macht einmal im Jahr, am 01. Dezember eine Aktion, ansonsten hält sie sich in dieser Prävention bedeckt zurück.

Ein weiteres Ziel von Ombili ist es den Buschmännern zu helfen in der heutigen Welt ihren Platz zu finden, sie dazu zu motivieren, nicht nur zu „ernten" sondern vorher auch zu „sähen", zu pflegen und sich dann des eigenen Erntens zu erfreuen.

Frau Mais-Rische und ihr Team sind sich bewusst, dass dieses Ziel sehr schwer zu verfolgen ist, zumal die Menschen stets im Gruppendenken und gemeinsamen Tun verwurzelt waren und es schwer fällt, sich an die moderne Gesellschaft zu gewöhnen. Die Buschmänner und ihre Familien haben

Angst vor dem Tod und verdrängen ihn. Ein Mensch der Familie, der gestorben ist, wird nie mehr erwähnt. Sie werden in der Hochstellung begraben, weil die Buschmänner glauben, die Seele verlässt den Körper über das Gesicht.

Eine sehr interessante Glaubensform, während andere afrikanische Länder glauben, dass man stirbt, wenn man seinen Schatten verliert.

Die Kinder der Ombili-Stiftung kommen zu spät zur Schule.

Ich selbst war einige Zeit in der Schule dabei und konnte das beobachten. Den Sinn zu verdeutlichen, die Schule zu besuchen ist eine der Hauptaufgaben der Ombili-Stiftung.

Der durchschnittliche Buschmann hat eine Lebenserfahrung von 38 bis 45 Jahren.

Deshalb glauben Sie, sei die Schule nicht so wichtig. Das Leben läuft davon – ist Ihr Gedanke. Ob sie wohl recht haben?

Ombili will durch gute Beispiele zeigen, dass Leben auch anders möglich ist und so kommen in 1998, 2 zwanzig Jährige Mädels nochmal, um die Schule zu beginnen.

Das von mir dagelassene Geld – 500 DM wird verwandt um die Kleinkindern weiterhin in ihre Kreativität zu fördern, Weiterbildung zu ermöglichen und schulisches Wissen auszubauen.

Die Kreativität ist sehr gut vorhanden und das kann erfolgreich ausgebaut werden. Erste Erfolge sind schon zu beobachten.

Bei meinem Rundgang durch die Stiftung fiel mir die Mutter auf, die ihr Kind badete. Sie sei eine Ausnahme, sagte Frau Mais-Rische, die anderen Mütter würden diese junge Frau eher belächeln. Die alten Traditionen waren so, dass sich das Kind nach einer gewissen Zeit um sich selbst sorgen musste.

Diese junge Frau backte gerade „Berliner" und machte auf mich einen sehr familiären, kompetenten Eindruck. Die anderen Frauen der Gruppe bastelten Kleinkunst, Gegenstände und kleine Musikinstrumente, die dann am Markt verkauft werden sollten.

Ich bewundere Frau Mais-Rische für ihren Arbeitseinsatz und hoffe, dass sie mit ihrem Team noch lange gesund und

kraftvoll bleibt, denn ihr Mann und ihre Tochter sind an Malaria
verstorben.

Umwandlung beginnt
Veränderungen läuten sich ein
Beginn von Ende und Neuanfang
Sterben und wiedergeboren werden

Dazwischen
Leben
Lebensweisen
Lebenszeiten
Lebenswelten
Stille – Laute – Reize

Afrika – Umwandlung beginnt – danke Afrika

Der zehnte Januar
Benin

Gestern besuchte ich das weltbekannte Voodoo-Festival in Benin, das mich noch heute tief in seinen Bann gezogen hat.

Wenn sich ein Europäer in Afrika aufhält, sieht er in der Regel nur einen Teil des Kontinents – für gewöhnlich nur die äußere Hülle, die ihm meistens nichts Besonderes sagt und auch nicht besonders interessiert, vielleicht für ihn sogar unwichtig ist. Der Blick des Europäers gleitet an der Oberfläche ab, dringt meist nicht tiefer, um zu erkennen, dass die Geheimnisse oft hinter den Dingen liegen, die man sieht.

Der Satz ... man sieht nur mit dem Herzen gut. Das Wesentliche ist unsichtbar ... beschreibt den Eindruck eines Europäers, wenn er sich in Afrika aufhält.

Wir freuen uns heute in Länder reisen zu können, die unsere Sprache sprechen, wie zum Beispiel im überwiegenden Teil Westafrikas, französisch gesprochen wird. Wir müssen allerdings auch bedenken, dass diese französische Sprache und das Plakat an der Straßenkreuzung, einen harten Preis gekostet hat. Das sich auch in unserer Vergangenheit Dramen abgespielt haben, darunter auch in der europäischen Kultur. Es waren damals nicht nur friedvolle Menschen unterwegs, sondern auch Kriminelle, Sklavenhändler etc. die dafür sorgten, dass Menschen ihr Land verlassen mussten, ihre Wurzeln abgeschnitten bekamen und an dem „Punkt of no return" in Benin, zum Beispiel ihr Land verlassen mussten auf nie mehr wiedersehen.

Das vorausgesetzt, bringt uns die Wiege des Voodoos etwas näher. Die Republik Benin zeigt diesen Weg auf, wenn wir uns als Europäer dafür öffnen diesen mystischen Weg auch sehen zu wollen.

Ich war gestern auf diesem riesen großen Festival. Wo Tausende Menschen zusammen kamen, tanzten, sich freudig begrüßten, leidenschaftlich sich in die Trommelwelt eingelassen haben in der heißen Sonne Afrikas, gruppenweise auftraten und ihre Zeremonien, Tänze und Gesänge darboten, all das waren Eindrücke, die das Voodoo-Festival bei mir hinterlassen haben. Es war der zehnte Januar 2009.

Ich habe gesehen, wie bunt gekleidete Menschen auf bereits dastehenden Stühlen platz genommen haben und ich habe gesehen, wie andere Menschen keine Stühle gebracht bekommen haben, die in der heißen Sonne auf dem heißen Sand platz genommen haben.

Ich habe beobachtet, wie es Menschen gab, die auf gepolsterten Sofas platz genommen haben und ich habe beobachtet, wie Menschengruppen auf Plastikstühlen ihre Plätze einnahmen.

Alle wurden angewiesen, ihre Plätze einzunehmen. Keiner wurde gefragt. Ich vermute, dass ihr Auftreten, das ihre Person, ihr Erscheinen, ihre Auswahl von Kleidern, Kopfbedeckungen, Schmuck darauf schließen ließen, welchen Stand und Status in der Gesellschaft diese Personen hatten um Anrecht auf einen gepolsterten Stuhl, einen Holzstuhl, auf einen Plastikstuhl oder gar auf einem gepolsterten Sofa zu haben.

Ich als Beobachter und Tourist war untergebracht auf einem Steinsitz, überdacht wie in einem Fußballstation. Und das war schon eine Besonderheit, wie Matjes mir berichtete.

Wenn man einen Afrikaner fragt, wann beginnt die Zeremonie, weiß er die Uhrzeit nicht genau. Zeit ist für ihn nicht verbindlich. Er wird sagen dann, wenn alle gekommen sind.

Dies habe ich ebenfalls beobachtet. Ich bin schon früh losgegangen mit Matjes, meinem einheimischen Guide, der mir viel von Voodoo erzählen konnte.

Er war Christ, betonte aber gleichzeitig, dass er auch Voodoo gut findet, was ich später noch an verschiedenen Situationen gemerkt habe.

Bei der Zeremonie versammelten sich verschiedene Tanzgruppen, Gruppen aus verschiedenen Dörfern, die angeleitet wurden, meist von einem großen, kräftigen, älteren Herren. Auffallend war für mich, dass diese voranschreitenden großen, kräftigen, älteren Herren ganz bestimmte Mimiken auszeichneten.

Meist verzogen sie keine Mine. Aber sie haben einen kraftvollen Ausdruck gehabt. Der eine Gruppenführer fiel mir auf, hatte schwarz eingefärbte Haare, hatte schwarz eingefärbte Augenbrauen und einen schwarz eingefärbten Oberlippenbart. Sein Gesicht zeichnete dunkle Augen aus und einen kraftvollen Gesamteindruck. Er war am Körper geschmückt mit Oberarmreifen aus weißen Muscheln, aus Unterarmreifen mit bunten Perlen und einem rot-orange-karierten Rock, der ummantelt war mit vielen kleinen Voodoo-Köpfen. Die Köpfe waren aus Holz mit kleinen weißen Muscheln belegt, als Auge, Nase und Mund.

Auf dem Rücken trug er ein mit Federn geschmücktes Oberteil, das wie ich später hörte, auf viele Ahnen zurückblicken lies.

Mein Guide Matjes sagte, das ist ein sehr kraftvoller Mensch und sei einer der Voodoo-Priester, die ich später noch beschreibe.

Gefolgt von einer Fülle von tanzenden Frauen, die ebenfalls bunt, einheitlich angezogen waren. Die Trommelklänge des begleitenden Orchesters säumten den Weg.

Aufgefallen war, dass wie eine non-verbale Abstimmung stattfand, wenn der eine Tänzer einen Tanz eröffnete, folgten die Anderen, umgekehrt, wenn ein anderer stillstand, standen die anderen still. Es fand fast unmerklich eine Absprache statt, die durch Form, Rhythmik und Geste ausdrückt wurden.

Die jeweiligen Gruppen, die zu dem Festival herankamen, stellten sich denen, die dort auf den aufgestellten Stühlen, Sofas und Bänken platz genommen haben vor, durch Tänze, durch Gesänge und beides von beidem. Das ganze Festival findet während der Mittagszeit statt, eben dann, wenn alle eingetroffen sind, und endete gegen 16 Uhr. Man erkannte es, dass die ersten Gruppen nach ihren Vorstellungen und sich gegenseitigen Begrüßens wieder, nach einer gewissen Zeit der Entspannung, im Schatten zurückgezogen haben und abgewandert sind.

Es schien eine sehr freundliche und herzliche Begrüßung zu sein und von den jeweiligen politischen Personen wurden auch die Gastreden gehalten.

Eine Verköstigung wurde außerhalb des Festivalzentrums möglich gemacht, in dem einige gekühlte Getränke verkauft wurden und einige Frauen, eine Art Reissalat, eine Art Nudelsalat und gegrillten Fisch angeboten haben.

Ich habe aber beobachtet, dass relativ wenig einheimische Menschen zu diesen Ständen gegangen sind, es waren mehr Gäste, die sich von diesen Ständen Nahrung und Gerichte geholt haben.

Bei mehreren Frauen ist mir aufgefallen, dass sie oben im oberen Teil ihrer Bekleidung eine, zwei oder gar vier Holzpuppen gesteckt hatten und mein Guide erklärte mir, wenn eine Frau ein, zwei oder auch mehrere Kinder im Laufe des Lebens verloren hat, schmückt sie diese bei diesem Voodoo-Festival mit diesen Holzpuppen, um diesen gestorbenen Kindern zu gedenken und ein Platz zu widmen. Das ist so Voodoo Tradition.

Ein bekannter, aber meist übertrieben dargestellter Brauch ist das Herstellen von Voodoo-Puppen, die oft einem bestimmten Menschen nachgebildet sind. Durch das Stechen in die Puppe, oder sogar regelrechtes Durchbohren mit Nadeln, soll dem Betroffenen Schmerzen zugefügt werden.

Dies habe ich jedoch bei dem Festival nicht beobachtet. Es ist gut möglich, dass außerhalb des Festivals Voodoo-Praktiken am Abend in den jeweiligen Villages praktiziert werden, aber bei dem Festival selbst haben sich nur die Akteure gezeigt.

Vor allem sagte aber unser Guide, werden Voodoo-Puppen zum Heilen von Krankheiten benutzt. Diese Puppen sind in einer Art Not entstanden, da die Sklaven von den amerikanischen Sklavenhändlern keine Voodoo-Praktiken erlaubt bekommen haben. Entsprechend waren aus Holz geschnitzte Abbildungen der Gottheiten und Dämonen verboten. Die Sklaven wussten sich aber zu helfen und tarnten die Gottabbildungen als Puppen, um damit im Inneren ihren Voodoo-Glauben leben zu können.

Voodoo selbst ist eine monotheistische Religion, eine Lebensart, eine Lebensweise, die den Schöpfer alles Existierenden verehren. Da es in Afrika mehrere Gruppen, auch Sprachgruppen gibt, wurde in der Fonsprache als Voodoo Mahu genannt, was übersetzt Gott bedeutet. Das Wort Voodoo selbst stammt ebenfalls aus dem Fon.

Matjes unser Guide war ganz fasziniert von diesem Zauber und ich habe ihn sehr oft beobachtet, denn bei den verschiedenen Tanzgruppen kamen auch bunte, sich bewegende, Strohbüschel, die er selbst als Dämon bezeichnete. Ich sagte zu ihm, es sei kein Dämon, sondern das ein Mensch unter diesen Strohballen läuft und deshalb diese Form bewegen konnte. Aber Matjes sagt mir mit groß aufgerissen Augen: „Nein, das kann nicht sein. Ein Mensch kann sich nicht so schnell bewegen, außerdem würde nachher die Puppe hochgehoben werden und unter diesen Strohpuppen würde man sehen, dass kein Mensch versteckt sei."

Es hat zwar gestimmt, dass diese Strohpuppe sich von unten gelüftet hatte, aber mein Verständnis war, dass sich ein kleiner Mensch im Inneren des Strohballens versteckt hatte. Doch daran erkannte man den festen Glauben an der Kraft dieses Dämons oder auch dieser Voodoo-Götter, die als unsichtbare Kräfte bezeichnet werden, die aber auch als Mittler zwischen den Göttern und den Menschen fungieren. Diese Kräfte sind verantwortlich für die Zustände, die Menschen sehen, spüren, erfahren und erleben. Diese Kräfte sind überall vorhanden, im Wasser, in den Tieren, in den Bäumen und vor allem auch im Menschen.

Durch die Kraft der Voodoo-Götter kann sich Glück, materiell oder spirituell, Fruchtbarkeit, Liebe, Hass aber auch Krieg und Unglück verändern. Alles wird auf diese Voodoo-Götter und auf deren Kraft bezogen.

Da ich durch meine Fragen meinen Gesprächspartner immer wieder angeregt habe, versuchte er mir mit jeder Möglichkeit zu beweisen, dass unter diesen verschiedenen Strohpuppen doch Götter sind, die uns mit ihrer Power und ihrer Kraft bereichern.

Was mir beobachtbar erschien, war, dass die Menschen, die sich um diese Strohpuppen herum versammelten und das waren nicht wenige, so stark an diese Kraft glauben konnten, dass sie extreme Kräfte verspürten. Diese extremen Kräfte sind wie in einer Extase aufgetreten, die dann zeitweise durch die herumstehende Polizei sogar mit Bambusstöcken eingeschlagen wurde. Es wurde zwar niemand verletzt, aber es wurde doch eine gewisse Grenze gezogen, zwischen dem Mensch und der Gottheit ... ich habe allerdings mit meinem westlichen Denken angenommen, dass es jedoch mehr um die Sicherheit geht und weniger um die göttlichen Einschätzungen der Polizei.

Die Voodoo-Priester, also die Frontmänner der jeweiligen Gruppen, die zu diesem Festival herankamen, sind allein einweihte Mittler auf Erden und verfügen über ein umfassendes Wissen in allen Bereichen der Heilkunde und der dazugehörigen Durchführung von Voodoo-Zeremonien.

Das Wissen dieser Priester entstand zum Teil durch Inspirationen, die sie während bestimmter Zeremonien hatten. Aber es wurde auch über Generation zu Generation überliefert ohne das es dazu etwas Schriftliches zum Nachlesen gab. Man spricht hier nur von einer mündlichen Überlieferung und von einer Kräfteübertragung oder Initiation. Wie wir es teilweise auch aus den Beschneidungsritualen der Frauen kennen.

Oberflächlich betrachtet ist dies ein normaler Kult, wie er auch in anderen schamanistischen Heilmethoden verwandt wird. Das Besondere und das wurde sicherlich auch sehr durch die Medien verbreitet, ist natürlich die gefürchtete Schwarze Magie, die immer wieder mit Voodoo in Verbindung gebracht wird. Genährt wurden diese Vorstellungen durch die Praktiken des Totenkults und den Glauben an die Wiederbelebung längst Verstorbener (Nekromantie). Es gab auch Gerüchte, dass sowie Tiere auch Kinder geopfert wurden, um diese wieder in ein gesundes Leben zurückzuführen.

Natürlich kann wie in anderen Kulturen und Religionen es vorkommen, dass Priester des Voodoos ihre vermeintlichen Kräfte zum Schadzauber einsetzen. Priester, die solche Praktiken ausüben, werden Bokor genannt. Im Gegensatz dazu steht der Houngan, der einen Voodoo-Priester darstellt der solche Schwarze Magie ablehnt. Bei Priesterinnen wird dieser Unterschied nicht gemacht, die werden einheitlich stets als Mamboo bezeichnet. Die Gründe konnte mir jedoch keiner erklären. Ich habe lediglich herausgefunden, dass es in den früheren Jahren/Jahrhunderten weibliche Priesterinnen nicht gab. Erst in den letzten Jahrhunderten hat sich herausgestellt, dass auch weibliche Priesterinnen in der Lage sind, Menschenheilkunde und Gesundung zu verkörpern.

Haben Frauen behinderte Kinder, geistig behinderte Kinder geboren, wurden diese oft aus Scham zu den anderen Familien jahrelang versteckt gehalten. Dieses Ritual kennen wir nicht nur in Afrika, sondern auch in anderen Kontinenten und es ist deshalb erklärbar, warum vielleicht in Horrorfilmen dieser Voodoo-Kult mit angeblichen Zombies ummantelt wurde. Sie geistern durch Albträume der Kinder und es handelt sich hierbei um dauerhaft schwer narkotisierte Menschen, die in körperlicher Verwahrlosung lebend körperliche Schwerstarbeit verrichten müssen.

Da ihre Angehörigen nichts von diesem Dasein wissen und sie für tot und begraben halten, falle ihr Schicksal deshalb nicht auf.

Auf mein Befragen von verschiedenen Voodoo-Anhängern in Benin wurde mir das aber nicht bestätigt. Ich gehe davon aus, dass es sich hier um Überlieferungen handelt, die sicherlich oder hoffentlich nur noch in Randbereichen des Voodoo-Kultes gelebt werden. Meine Hoffnung geht in diese Richtung. In Benin ist Voodoo Staatsreligion und der 10. Januar jeden Jahres ist religiöser Feiertag vergleichbar wie unser Weihnachtsfest.

Außer in Benin wird Voodoo hauptsächlich auch in Ghana, Togo praktiziert, ferner in Haiti und in der Dominikanischen Republik sowie in Louisiana USA.

Auch hier ist zu erwähnen, dass ich selbst nur einen Teil der Voodoo-Zeremonie, nämlich der Offiziellen erhalten habe und mir keinen Eindruck gewinnen konnte, wie es in den jeweiligen Dörfern und in den Gebieten praktiziert wird.

Bei meinem Nachfragen, bei den verschiedenen Voodoo-Teilnehmern wurde dann aber meistens meiner Frage ausgewichen oder auf ein anderes Thema gelenkt.

Es gibt eben auch oft Fragen im Leben, die offen bleiben. Und manchmal denke ich – es ist auch gut so. Was meinen Sie?

An diesem Abend gehe ich mit tausend verschiedenen Fragen, bunten Bildern, Eindrücken, Fantasien und neuen Ideen schlafen.

Mystisches Afrika – Benin die Wiege des Voodoo

Benin
Tragik und Tod
Verzweiflung und Schmerz
Was hast du alles ertragen?
Was hast du alles verlebt?
The point of no return
Benin

Benin
Voodoo
Die Götter verzweifeln nie
Sie haben dich getragen
In Not, in Schmerz und in allen Fragen
Damals
Heute und morgen
Benin
Gibst du Antwort auf all die Fragen?

Benin
Pulsierendes Land
Voll Elend und Not
Doch hast Du neben Brot
auch viel Schönes als Lohn
Du hast strahlende Menschen
Du hast Freude und Leichtigkeit
Du hast den Gewinn von Zeit
und die Kraft in der Langsamkeit
Benin

78

Benin
ist das nicht mehr als alles Geld der Welt?
Doch wann kommt die Balance der Welt?
Sie muss doch sehen, was geschieht …
Doch will sie eigentlich nichts sehen und alles bleibt, wie es ist?!
Benin

Benin
du Land des Voodoo
Du Land des Tanzes und der Poesie
Musik schwingt die Kreise deiner Welt
Die Welt, die vieles heilt und manches auch mit Geld
Benin

Benin
du Land des Voodoo
Bleib du bei dir und bewahre dir Kraft
Manch einer sieht die Chance
und verpasst
dabei sich selbst
Du Benin
bewahre dir deine Kraft
und gib sie weiter in reiner positiver Kraft
die deine Menschen brauchen
ohne Angst sie dir zu rauben
Benin

Karin Engel – 08. Januar 2009, Gran Popo, Benin

Magie der Kochkunst
Marokko

Ich sitze in Fe's einer wunderschönen alten Königsstadt, gepflegt von alters her schon immer die Fürstin der Küche genannt. Geprägt haben sie die Berber, Griechen, Römer, Perser, Araber, Andalusier und Juden. Im 14. Jahrhundert entstanden die Gewürzmischungen „Ras el-Hanout", die inzwischen weltweit in gut sortierten Supermärkten zu finden ist. In den wunderbaren bunten, engen, kleinen Gewürzmärkten flaniere ich und lass mich von den Gerüchen und Gewürzen der Aromen bezaubern. Atemberaubend das Aroma, würzig, süß, mild und scharf zugleich. Je nach Rezeptur des Händlers oder auch der Küche enthält die Würzmischung Ras el-Hanout zwischen 20 und 30 Zutaten, darunter die Muskatnuss, Ingwer; Zimt, Rosenknospen, Muskatblüte, Kardamom, Lavendel, Rosmarin, Veilchenwurzel, Oregano und diverse Pfeffersorten.

Ich werde in das bekannte Restaurant „Dar Ziryab" eingeladen, dass in der Neustadt von Fe's liegt. Eines der Leckereien ist dort Lammragout in gelb-braunem Sud, bedeckt mit Perlzwiebeln, Mandeln und Pflaumen. Gegart wird es in der traditionellen Tajine, einem Tontopf mit einem kegelförmigen Deckel. Mir wurde berichtet, dass die Tajine-Gerichte eine der kulinarischen Spezialitäten sind, für die Fe's über die Landesgrenzen hinaus bekannt ist.

Allein das Gefäß, der Tajine, ist schon ein Gaumenschmaus für sich. Der Tajine wird in verschiedenen Farben rot, türkis, blau, lila, gelb, weiß mit silber, ohne silber in verschiedenen Größen und Durchmessern auf die Tische gestellt. Man hebt ganz vorsichtig den heißen Deckel hoch und wird dann von dem Zauber der Gewürze überrascht.

Es ist schon ein Fest der Sinne, wenn man die verschiedenen Köstlichkeiten auf der Zunge zergehen lässt.

Aber neben dem leckeren Tajine gibt es noch das Harira, die marokkanische Nationalsuppe aus Lamm, Rind oder Geflügelfleisch, Kichererbsen, Gemüse und Kräutern. Mit dem Gericht brechen Moslems während des Ramadans allabendlich das Fasten. In keinem anderen Ort Marokkos ist Harira so raffiniert verfeinert, wie in der kulinarischen Hauptstadt Fe's ... sagen mir die „Weisen" der Stadt.

Eine marokkanische Variante der Pastete auch Bastilla genannt, traditionell aus Taubenfleisch und mit einer Gewürzmischung ummantelt, und mit hauchdünnem Filoteig. Und natürlich, es darf nicht fehlen, in der marokkanischen Welt, das Couscous mit Rindfleisch und Gemüse, das meist freitags bei Familienbesuchen aufgetragen wird.

Wenn man all diese Köstlichkeiten genossen hat und sich nochmal eine Zeit gönnt, um den anschließenden Tee zu genießen, wird man überrascht sein. Der Kellner kommt mit einem silbernen Tablett, darauf stehen wunderschöne kleine oder größere Glasgläser, die gefüllt sind mit frischen Pfefferminzblättern. Er nimmt seinen großen silbernen Samowar gefüllt mit heißem Wasser und übergießt in einem hohen Bogen die frischen Pfefferminzblätter mit dem heißen Wasser auf seinem silbernen Tablett. Allein durch diese Form der Zubereitung gewinnt die Pfefferminze ihr volles Volumen und der Tee mit der frischen Pfefferminze ist eine reine Gaumenfreude, die das vorausgegangene Feuerwerk der Würze noch im Mund abrundet.

Ich war begeistert von dem Festival der Sinne und bin anschließend durch die kleinen Souks gelaufen um mich nochmal von den verschiedenen Düften der Orangenblütengewässer, des Honigs, des Sesams, der Pflaumen, das Ras el-Hanout, des Ingwers, des Safrans, des frischen Korianders sowie der verschiedenen Formen des Olivenöles verzaubern zu lassen.

Wenn Sie also selbst auch einmal mit einem Einwohner in Fe's ins Gespräch kommen und sie werden kurz oder lang zum Essen eingeladen, empfehle ich ihnen auf keinen Fall nein zu sagen. Denn Sie werden überrascht und verzaubert von einer Vielzahl von Gewürzen, die wie in einem Gewürzorchester in ihrem Munde seine Vollendung findet. Guten Appetit … wünsche ich Ihnen heute schon.

Frauen auf Sansibar
Sansibar/Tansania

Im 19. Jahrhundert war Ostafrika ein Teil von Deutschland. Tansania und Sansibar waren ein Teil und deshalb zog es mich nach Sansibar, dieser traumhaft schönen Insel, dieser vorgelagerte Traum vor Tansania, die Mystik, die in vielen Filmen und Märchen verkörpert wird.

Sansibar
mit ihren alten Gassen in Stonetown der Hauptstadt. Ich schlenderte durch die Straßen. Fühle mich zurückgesetzt in eine andere Zeit. War versunken in eine Zeit, die vor mir lag, die Fragen aufwarf und die ein Hauch von Poesie in all den Straßen, Gassen und Häusern in mir erklingen lies.

Sansibar
die Insel, an der so viele Piraten scheiterten, um die es so viele Legenden gibt und die den Hauch der afrikanischen Welt verzaubert, die manches Festland zu wünschen übrig lässt.

Sansibar
schon als Kind hatte ich den Traum, diese Insel kennenzulernen. Vielleicht durch die Geschichte, die wir in der Schule erfahren haben, vielleicht aber auch durch die vielen Legenden, die wir als Kinder von Sansibar kennen lernen durften.

Zunächst wurde ich in Stonetown, der Hauptstadt, so richtig krank. Ich weiß heute noch nicht genau, was mein Körper daraus zeigen wollte, aber mein Körper zwang mich zur Bettruhe. Ich fand ein kleines, altes Haus in der Altstadt, dass eine Zeit lang mein Zuhause war. Mein Körper war erschöpft. Ich hatte hohes Fieber, hatte große Schmerzen und manchmal denke ich, mein Körper nimmt all das auf und muss transformieren, was dort in der Geschichte alles durchlebt wurde. Sansibar wurde später mit Helgoland getauscht. Manche Menschen sprechen auf Sansibar noch deutsch. Aber ich musste sie suchen.

Als es meinem Körper wieder besser ging und meine Seele ein kleines Zuhause gefunden hatte, wanderte ich wieder durch die Straßen. Ich fand den Deutschen Adler und war begeistert, als eine sehr nette farbige Frau die Tür aufmachte mit einem herzensfrohen Strahlen in ihrem Gesicht. Sie sprach ein perfektes Deutsch und war die Frau von Herrn Dr. Meffert, dem Generalkonsul von Sansibar. Da ich auf den Spuren war ein Frauenprojekt zu finden, erkundigte ich mich bei Frau Meffert, aber ihr Mann war gerade in Bonn. Wir haben uns bei einer Tasse Tee unterhalten und Frau Meffert hat mir sehr viele Anregungen gegeben, auf deren Spuren ich dort weiter gewandelt bin.

Ein Teil meiner Arbeit war getan, ich hatte einige Ansprechpartner und musste diese nur noch auf der großen Insel finden. Es ist schon ein überwältigendes Erlebnis, wenn man so weit weg ist von Deutschland. In einer solch fremden Welt, die mit Farben und Formen und Lebendigkeit und

Andersartigkeit so viel mehr Ausdruck hat, als man es selbst zu träumen weiß. Und dann bei einer Tasse Tee in einem glasklaren Deutsch über die Geschichte, über die Legenden und die Mythen dieser Zeit, in der Frau Meffert dort lebte, sich unterhalten hat. Gestärkt von all den Eindrücken machte ich mich am nächsten Tag auf, um die Projekte zu finden, die auf der anderen Seite der Insel lagen.

Es war heiß. 34 Grad Celsius heiß. Die Straßen sind ab einer gewissen Entfernung nicht mehr betoniert. Auf der „african road„ (rote Erde) stand mir der Staub in den Ohren, in den Augenbrauen und den Haarspitzen. Dann weiß man, man ist angekommen in Afrika.

Überraschenderweise habe ich das Frauenprojekt und das Schulprojekt sehr schnell gefunden und habe mich dort mit den Verantwortlichen Frauen einige Tage unterhalten, ich war mit ihnen in den Villages am Meer, wo wir überwiegend Gesundheitsaufklärung gemeinsam gemacht haben.

Es ging darum, den Dorfbewohner zu zeigen, wie wichtig Körperhygiene ist. Auch das Abkochen von Wasser und Babyhygiene waren Thema und vor allem die soziale Kommunikation untereinander.

Ich habe auch dort erfahren, dass es für die afrikanische Frau ein großes Risiko darstellt, ein Kind zu gebären. Im Durchschnitt sterben in Afrika 500.000 Frauen in einem Jahr bei der Erstgeburt. Obwohl es viele Aufklärungskampagnen und auch von den großen Organisationen Unterstützungsangebote gibt, sinkt die Zahl nicht sehr schnell. Wir arbeiteten also dort gemeinsam an unserer Gesundheitsaufklärung und am Abend saßen wir mit den Frauen am Lagerfeuer. Wir berichteten und unterhielten uns über unsere verschiedenen Erfahrungen in einer deutsch-afrikanischen geselligen Form.

Ich hatte nicht sehr viel Zeit mich auf Sansibar aufzuhalten, da ich noch auf dem Weg nach Tansania war. Aber niemals werde ich die Anblicke der großen Dhau's, der großen Segelschiffe vergessen, die nach einer ganz bestimmten Technik ihre Segel gespannt hatten. Und ich werde den Anblick der Frauen in den Villages nicht vergessen, als wir gemeinsam die Gesundheitsprävention durchgeführt haben. Es war etwas besonderes, das große Interesse zu erleben und gleichzeitig die reservierte Neugier am Neuen zu spüren.

Danke Sansibar, danke Gerome von der ich auf Sansibar so viel gelernt hatte.

Besuch im Dschungel
Tansania

Auf der roten Erde in Tansania gab es viel zu entdecken. Zunächst fuhr ich mit einem Guide der Maka hieß in den Ngorogoro-Krater, der im nördlichen Teil von Tansania liegt. Maka sagte mir, ich müsse nichts mitnehmen, es sei für alles gesorgt. Wir hätten ein Zelt dabei, wir haben Decken dabei und das Kochequipment war auch an Bord. Somit konnte ich mich mit all meiner Spannung und Aufregung auf die lange Autofahrt vorbereiten.

Am Anfang ging die Fahrt noch auf betonierten Straßen, doch irgendwann bog der Fahrer ab, er lachte, als wenn minütlich die Sonne neu aufging und sagte zu mir: „Welcome on the african road." Die Straße war für mich keine Straße mehr. Sie war eine Landschaft voll Krater. Obwohl der Fahrer sehr geschickt versuchte, die großen Löcher zu umfahren, gelang es ihm natürlich nicht immer. Obwohl das Auto sehr groß war, wir sehr hoch saßen, fiel ich trotzdem von einer Seite auf die andere. Der Staub zog in sämtliche Ritzen des Autos. Die rote Erde Afrikas hat uns in ihren Bann gezogen.

Stunden ging die Fahrt. Stundenlang unter der brütenden Sonne Afrikas, vorbei an der Steppe, die sehr vertrocknet aussah, hier, und da sich ein Tier zeigte, aber letztendlich uns total erschöpfte. Der Weg zum Ngorogoro-Krater war nicht sehr einfach zu befahren und mein Körper und meine Energie war wie leer. Ich hoffte nur noch, dass ich eine gute Nacht finden konnte.

Bei Sonnenuntergang fingen wir an, unseren Zeltplatz zu suchen. Es fand sich ein großer Platz am Rande des Ngorogoro-Kraters, in der Mitte eine Feuerstelle, die schon von unseren Vorgängern ordentlich verlassen wurde. Ansonsten fanden wir plattgetretenes Gras und eine Art Toilette, die sich von einem Balken, der ummantelt war mit einigen Holzstämmen, nicht sehr unterschieden hat. Ich hatte mir einen Eindruck gemacht und war so erschöpft, dass mir selbst unser Domizil egal war.

Mein Körper war so müde durch die unruhige Fahrt, durch die Hitze und den roten Staub, sodass ich nur noch schlafen wollte. Der Fahrer legte das Equipment heraus aus dem Auto. Ich fand nur ein Zelt. Wo sind die Decken, wo sind die Luftmatratzen? Wo ist das Equipment für die Nacht? Er hatte es doch versprochen. Er hatte doch gesagt es sei für alles gesorgt. Als ich ihn darauf ansprach, zuckte er nur mit den Schultern, strahlte über das ganze Gesicht, dass ich jetzt nur noch schattenweise erkennen konnte, weil die Finsternis schon eingetreten war und sagte: „Don't worry, sleep well." Da stand ich nun mit einem total erschöpften Körper und einem Zelt ohne Decken, ohne Luftmatratze. Etwas Warmes hatte ich mir nicht eingesteckt, denn er sagte ja bei unserer Abfahrt, es ist für alles gesorgt. Afrika. Afrika mein Gott, wann werde ich dich je verstehen!

Die Nacht wurde sehr kalt, gefühlte null Grad. Ich habe einige Stunden in meinem Zelt gefroren, bis ich mir überlegte heraus zu gehen an das Lagerfeuer, an dem einige Einheimische sich erwärmten. Ich habe meine Angst überwunden, über irgendwelche Schlangen, Spinnen oder sonstige Kleintiere zu stolpern, in der dunklen Nacht, die kaum Mondschatten warf.

Als ich endlich am Lagerfeuer angekommen war, freuten sich die Einheimischen, machten mir gleich auf den Holzstämmen etwas Platz und so wurde ich langsam von vorne gewärmt. Schön war es, Wärme zu spüren. In Gemeinsamkeit zu sein. Nicht mehr allein zu sein. Obwohl, so kamen mir manchmal die Fragen, ist man hier wirklich in einer Gemeinschaft? Was haben die Einheimischen alles erlebt? Ihre Gesichter zeigen tiefe Spuren. Man kann nicht aus allen Gesichtern lesen. In manchen Augen, die durch das leichte Lagerfeuer nur schemenhaft zu sehen waren, stand Traurigkeit, stand irgendwie eine Leere, die zufüllen bereit war.

Mir wurde ein wasserartiges Getränk gereicht. Ich war nicht sicher, was es war, ich vermutete es war eine Art Schnaps. Und da ich innerlich immer noch so fror, schüttete ich ihn in mich rein. Ich erwärmte. Von innen und von vorne. Von hinten war mein Rücken eiskalt.

Ich entschied mich, mich auf meinem kleinen Holzschemel herumzudrehen, damit mein Rücken etwas mehr Wärme vom Lagerfeuer erfuhr. Doch beim Drehen schaute ich einem Tier, was auf meiner Augenhöhe war direkt ins Gesicht. Ich habe mich sehr erschreckt, ich habe geschrien, aber die Afrikaner haben gelacht. Das Tier, wir würden Wildschein sagen, wurde vom Lagerfeuer angezogen, haben mir später die Einheimischen erzählt. Das Wildschwein ist wichtig für die Gemeinschaft, denn es stößt mit seinem Kopf kleinere Palmen um, die nicht mehr gebraucht werden und man kann das Fleisch sehr gut essen, sagte mir der Dorfälteste. Guten Appetit.

Ich hatte noch immer mit meinem Schock zu tun, denn ich habe diesem Tier Auge in Auge gegenüber gesessen und zwischen uns waren vielleicht fünf Zentimeter. Ich trank noch zwei bis drei von diesem wasserartigen Schnapsgetränk und legte mich bei gefühlten null Grad irgendwann in dieser Nacht in mein Zelt. Ich betete, dass ich am Morgen noch lebte und nicht mit einer Nierenbeckenentzündung aufwachen musste.

Am nächsten Morgen, der früh anfing, da bei Sonnenaufgang schon die Abfahrt geplant war, ging es in den Krater. Ich fühlte mich so o-la-la. Ehrlich gesagt, mir hat alles wehgetan, aber was ist schon so ein Körperschmerz, wenn man diesem riesen großen Ngorogoro-Krater gegenübersteht. Die Anfahrt war wunderschön und all die Tiere konnten wir sehen.

Zufrieden fuhren wir in unser nächstes Lager. Ich dachte mir die Nacht kann nicht schlimmer werden als die davor. Wieder musste ich mein Zelt aufschlagen und ein junger Afrikaner stand mit einem Maschinengewehr in der Nähe der drei, vier Zelte, um in der Nacht dort Wache zu stehen.

Er hatte es uns versprochen. Doch als ich in der Nacht irgendwann wach wurde und vor lauter Angst dringend zur Toilette musste, warf ich meine Taschenlampe an und suchte meinen Weg zur Toilette … in der Wildnis. Ich habe keinen Soldaten, ich habe keinen Afrikaner mit einem Maschinengewehr gesehen. Doch die Nacht war wunderschön. Man hörte die Elefanten, die sich langsam an das Camp annäherten, man hörte das Reißen der Äste, das Kauen der Elefanten und man hörte das es einige davon waren. Ich wog mich ja noch in Sicherheit, denn ich dachte ja noch, wir werden beschützt. Am Morgen klärte sich, dass er weggefahren war, um wo anders zu schlafen.

Man kann sich vorstellen, dass man bei all diesen Geräuschen im Dschungel nachts nicht schlafen kann. Später erzählten die Leute im Dorf, dass einige Löwen unterwegs waren und unser Camp gestreift hatten. Die Elefanten hatte ich gehört, die Löwen nicht. Manchmal hat man eben doch Glück. Und Glück ist es sicher, im Camp nicht mit einem Löwen in der Nacht ein Rendezvous zu haben. Oder was meinen Sie?

Am nächsten Tag ging es weiter zu den Massais, was meine ganze Aufmerksamkeit hatte. Mein Körper habe ich kaum noch gespürt, aber die Freude auf die Massais, auf die Vielfältigkeit der Kulturen, auf die Buntheit ihrer roten Bekleidung, ihren lang gewachsenen Körper und ihren vielen kleinen Kindern im Camp machten mich kraftvoll. Ich sprach mit den Alten im Dorf, ich sprach mit zwei kranken Frauen im Dorf und ich sprach mit einer Frau, die am nächsten Tag ihr Baby auf die Welt bekommen wollte. Ja, die Massais, sie schliefen auf ihren Tieren. Das heißt, um Wärme nachts zu bekommen, schliefen die Tiere, die Kühe, in der Hütte. Über den Tieren war ein Art Holzgestell gebaut, darauf schliefen die Menschen und konnten somit die Wärme der Tiere als ihre Heizung betrachten. Es schien alles sehr aufgeräumt und gefegt in den Lehmhütten, die im Kreis gestellt waren. Ich habe viel über traditionelles Heilen gelernt und habe mit den Frauen dort über Verhütung, Gesundheit und sozialem Verhalten gesprochen. Tansania – wir haben viel zu lernen von dir und Deinen Menschen.

Die Straßenkinder von Dakar
Senegal

Die Rallye Paris-Dakar ist vielen ein Begriff. In einem kleinen Hotel bei Dakar hatte ich ein Zimmer gefunden, wo gerade einige Rallyeteilnehmer übernachteten. Die Leitung des Hauses hatte eine Schweizerin, die ebenfalls wie ich Sozialpädagogin war. Sie hatte es schon vor vielen Jahren nach Dakar verschlagen und lebte dort sehr gerne. In ihrem Haus fand ich eine kleine Spendenbox, die auf ein Kinderprojekt aufmerksam machte und nach einigen Fragestellungen, fand ich heraus, dass dieses Projekt genau in die Vorstellungen von INCA passt, dem Verein, den wir vor einigen Jahren gegründet haben. INCA e. V. hat das Ziel kleinere, unbekanntere Projekte, die aus Privatinitiativen entstanden sind zu unterstützen und ich machte mich auf nach Dakar. Dakar selbst ist eine riesengroße Stadt mit sehr vielen kleinen Gassen, mit sehr vielen kleinen Geschäften und mit sehr viel Autoverkehr. Ich hatte vorher die Leitung des Kinderprojektes angerufen und mich angekündigt.

Ich bin, dank der guten Orientierung des Fahrers, gut in dem Straßenkinderprojekt in Dakar angekommen. Die Leiterin war noch nicht im Hause. Es hatte uns aber eine junge Studentin aus der Sorbonne in Paris abgeholt, die sowohl englisch als auch französisch sprechen konnte. Sie zeigte uns das Projekt. Wir haben erfahren, dass es hier 43 Buben hatte, die von der Leiterin nach und nach aufgenommen wurden, um dort zu wohnen, um dort Schule zu erfahren, um dort soziales Lernen zu erfahren und auch um vom Stehlen abgehalten zu werden, da dies ein Einfluss war, der die jungen Buben zusammenhielt.

Heute einige Jahre danach hatte dieser stehlende Einfluss keine große Bindung mehr und die Leiterin war froh, dass es mit all ihrem Engagement soweit gekommen war. Sie selbst erhält von der Regierung oder politischen Seite keine finanzielle Unterstützung. Sie ist rein auf Spenden angewiesen, die ihr Touristen oder auch Leute aus der Bevölkerung zukommen liesen.

Die Leiterin selbst hatte schon in vielen Ländern der Welt Kinderprojekte aufgebaut und wollte jetzt nochmal ein Kinderprojekt in ihrer Heimatstadt aufbauen. Sie selbst stand jeden Tag in Gefahr so erzählte sie uns, da es einige Gruppierungen der Stadt gibt, die es nicht gern sehen, dass die Kinder bei ihr leben und schulisch aufwachsen. Selbst ihre eigenen Kinder und ihr Mann können nicht bei ihr leben, da dies eine zu hohe Gefahr für die Familie darstellt.

Die Projektleiterin möchte in Zukunft auch noch Mädchen nach und nach diese Herberge anbieten, nur diese Arbeit braucht nach ihren Angaben noch sehr viel Zeit. Ich war begeistert von der Frau. Ich war begeistert von ihrer Ruhe, von ihrer Kraft und von ihrer Ausstrahlung. Viel hatte sie auch persönlich auf sich genommen, um diesen Kindern ein neues Zuhause zu geben. Und sie schien so souverän, sie schien so kraftvoll, und als ich ihr einen größeren Betrag als Spende übergeben konnte, umarmte sie mich und weinte. Nun wusste sie, dass sie für ein Jahr Reis kaufen konnte und sich zunächst darüber keine Gedanken mehr machen musste.

Als wir dort im Innenhof des Projektes standen, brachte ein Ehepaar zwei Fische als Spende an. Und ich habe mit angesehen, wie diese zwei Fische so zerlegt wurden, dass 43 Kinder davon jeweils ein kleines, fingernagelgroßes Stück Fisch erhalten. In dem Moment gehen einem natürlich sämtliche Gedanken aus der westlichen Welt durch den Kopf. Wann beginnt soziale Gerechtigkeit? Wie viel Respekt braucht die Armut? Wie viel Achtung braucht die Not? Und wann gelingt es dem Menschen wirklich, global zu denken und zu handeln? Aber das Lachen und Spielen der Kinder holt einem ganz schnell wieder aus diesen Fragen heraus und ich war eingebettet in den Moment.

Die Leiterin des Projektes hatte einen Künstler zur Hand, der mit den Kindern alte Getränkedosen sammelt auf der Straße, und sie dann zu Taschen, zu Handtaschen zu Schultaschen verarbeitet, die auf dem Markt verkauft werden. Das besondere hier war auch, dass die Projektleiterin mit Studenten, die an diesem Projekt interessiert sind, zusammenarbeitet, Grundvoraussetzung ist allerdings das man ein sehr gutes Französisch sprechen kann.

Wenn also jemand von Ihnen interessiert ist mehr zu erfahren und diese Voraussetzungen mitbringt, mailen Sie mir einfach.

Es ist ein langer Weg, wenn du auf deinen Verstand hörst. Es ist ein kurzer Weg, wenn du auf dein Herz hörst.

Mirko Udzenija

Wo sich Sand und Wasser treffen …
Cap Verden

Wer von Ihnen kennt Majo? Ich habe es vor Kurzem noch nicht gekannt. Majo ist eine ganz kleine verträumte Insel im Rahmen der zehn Inseln von Cap Verden. Die Cap Verden sind eine Inselgruppe zwei Flugstunden von Dakar Senegal entfernt.

Ich suchte mir Majo aus, um etwas zu entspannen. Majo selbst hat einen kleinen Flughafen, der sich auszeichnete durch eine kleine Landebahn. Beim Anflug braucht man schon eine gewisse Vertrautheit im Umgang mit Geräuschen im Flugzeug, denn es ratterte und schepperte, sodass ich froh war, als endlich die Ansage kam, das Flugzeug verlassen zu dürfen.

Majo selbst, der ganz kleine Flughafen der aus einem großen Raum bestand und einer Telefonzelle mitten in der Wüste, lud ein zur Entspannung. Nichts als Sand und Weite, und hinter der Weite fand man dann das Meer.

Die Hauptstraße die in Majo einlädt zu verweilen, regt auch an, seine Sprech- und Gehgeschwindigkeit zu reduzieren. Das heißt, wenn man in unserem schnellen europäischen Schritt durch diese Straße eilt, wird man nur verwundert angeschaut. Man geht hier sehr langsam. Nicht nur, dass die Sonne einem dazu zwingt, sondern die Gemächlichkeit, die Ruhe und die Gelassenheit der Menschen dort sind ansteckend.

Nach drei bis vier Tagen hatte ich dies begriffen. Und passte meine Geschwindigkeit im Gehen und Sprechen der, der Bevölkerung an. Viel gab es dort nicht zu erleben im Großen, im Kleinen jedoch sehr viel. Die Menschen leben ihren Alltag in ihren Häusern am Tage und auf der Straße am Abend. Nicht dass es laut wäre, oder mit Musikboxen übertönt ist. Nein, hier sitzt einer und hat eine Gitarre, die wunderschöne Cap Verdische Musik erklingen lässt, oder man sieht dort eine Gruppe von Männern, die ein Brettspiel spielen. Oder aber man sieht eine Gruppe von Frauen unter großen Bäumen zusammensitzen und sich unterhalten, was der Tag so brachte.

Meist sind die Frauen damit beschäftigt nebenbei Fische auszunehmen, Muränen, die von ihren Männern mitgebracht wurden. Die Frauen sitzen auf dem Boden mit weit gespreizten Beinen, dazwischen eine große silberne Schale mit Muränen, die aufgeschlitzt werden, die Innereien herausgenommen werden und bei viel lachen, bei viel erzählen verarbeitet werden. Ich saß am Rande dabei und lauschte nur ihrem Lachen. Man spricht afrikaans, das eine ganz bestimmte Mischung aufweist. Worte waren für mich auch nicht sehr notwendig, ich habe mich an den Physiognomien der Gesichter orientiert.

Majo ist wirklich eine Gegend, wo sich Sand und Wasser treffen. Hier ist auch eine große Gewinnung von Salz, die die Frauen nach und nach auf dem Kopfe mit den großen Körben abtragen. In einem kleinen Krankenhaus schaute ich vorbei. Einige Männer und Frauen saßen auf der Veranda im Schatten und warteten. Ich klopfte ganz vorsichtig an die Tür und mir machte eine farbige, junge Frau die Tür auf. Sie war aus Kuba, sie war Ärztin und war ausgeliehen für einige Zeit auf Majo zu arbeiten.

Nachdem alle Patienten behandelt wurden, hatten wir ein langes Gespräch miteinander. Sie erzählte mir, dass es hier neben Diabetes und Herz- und Kreislauferkrankungen keine große Krankheiten gibt. Hier und da wird ein Baby geboren, aber ansonsten hat sie dort ein ruhiges Leben. Sie ist zwar Weitweg von Ihrem zu Hause – aber sie liebt das Leben dort auf Majo.

Am nächsten Tag war ich dort in einer großen Schule am Strand, die einen Lehrer hatte, der auch deutsch sprechen konnte. Er war holländischer Abstammung und konnte deshalb einige Worte deutsch sprechen und versuchte dies auch in seinem Unterricht einfließen zu lassen. Alle Kinder waren sehr erfreut aus Deutschland einmal Besuch zu sehen und ich gestaltete eine Unterrichtsstunde damit, was man in Deutschland sehen und erleben kann.

Cap Verden, wo sich Sand und Wasser treffen … Majo … für mich eine verträumte Welt auf meinem mystischen Weg durch Afrika.

Ein Klavier im Busch
Togo

40 verschiedene ethnische Gruppierungen leben in diesem 50 Kilometer breiten und 650 Kilometer langen Land Togo, das früher einmal deutsch war.

Togo galt als Musterkolonie, dass von 1884 bis 1914 deutschkolonialisiert war. Nach dem Versailler-Vertrag endete diese Kolonialisierung und ging in die französische Besatzung über, die dann 1960 beendet wurde. Ab diesem Zeitpunkt war Togo selbstständig, seit 1967 ist Togo regiert von der Familiendynastie Ejadema. Offiziell ist die Regierungsform demokratisch, bisher gab es aber bis heute keine freien Wahlen. In Lomé, der Hauptstadt, sind die Frauen auf dem Markt sehr stark vertreten. Handel, Nahrung und Textilienhandel sind die Haupteinkunftsquellen und die Frauen auf dem Markt werden Nana Benz genannt, da sie, wenn die Geschäfte gut laufen, sich einen Mercedes Benz kaufen und diesen anschließend als Taxi für sich laufen lassen. Nana Benz ich habe große Achtung vor ihnen und Ihrer Idee.

Togo gehört aber nicht zu den extrem armen Ländern Afrikas, obwohl die Tuberkulose noch heute eine der Haupterkrankungen mit tödlichem Ausgang ist. Auf der Suche nach einem sozialen Projekt bin ich auf der deutschen Botschaft in Lomé vorbeigelaufen und habe mich dort nach einem vertrauensvollen Projektleiter erkundigt. Mir wurde dort unter anderem Herr Gerhard Prilop genannt, der als deutscher Lehrer seit 30 Jahren dort Kindern von allein erziehenden Frauen nach der Schule Unterkunft anbietet. Sie essen dort und schlafen zuhause.

Er arbeitet mit ihnen an den Hausaufgaben und eines seiner Hauptwünsche ist es, dass diese Kinder auch ein Musikinstrument lernen, da er von zuhause aus Musiklehrer ist. Deshalb finden wir mitten in Lomé ein wunderschönes, schwarzes, altes Klavier, das uns nach und nach die kleinen Kinder vorspielen.

Außerdem unterstützt die Gemeinschaft von Herrn Prilop noch Projekte im Dorf. Das heißt junge Frauen die Kinder haben werden für die Kinderbetreuung von den Seniorinnen des Dorfes unterstützt, die Kinder werden dort beherbergt, damit die Frauen auf dem Lande Mais anbauen können. Der Ertrag fließt dann in die Gemeinschaft des Dorfes. Außerdem unterstützt Herr Prilop noch Gefangene in Lomé, denn die Gefangenen selbst sind auf Nahrung von außen angewiesen. Gerade wenn ein Gefangener erkrankt ist, ist es notwendig von außen Medikamente zu besorgen, da die Tuberkulose sehr um sich greift. Das Projekt ist unterstützungswürdig und es macht auf mich einen sehr gut geführten Eindruck.

Bei aller Demut vor der afrikanischen Andersartigkeit versuchte er doch Disziplin und Fleiß den jungen Menschen beizubringen. Herr Prilop lebt in einem offenen Haus. Dort können kranke Kinder und auch die Mütter der Kinder sein. Ich habe eine große Achtung vor dieser Arbeit gewonnen und diese Arbeit auch mit Hilfe von INCA unterstützt. Wir hörten auch von der Botschaft und auch von Herrn Prilop, von einem anderen Projekt weiter im Norden. Dort arbeitet Ursula Heimer und das Projekt wird genannt „Usch im Busch". Frau Heimer unterstützt seit vielen Jahren dort in einem Krankenhaus Frauen, die operiert werden müssen. Sie besorgt Geld und Medizin, damit diese Operationen durchgeführt werden können.

Wenn Sie also Interesse haben an einem der beiden Projekte mitzugestalten, mit zu unterstützen, zu hospitieren, mailen Sie mir einfach unter eMail-Adresse. Ich stelle dann die Kontakte zu den Projektleitern her.

Hurricane auf Mauritius
Mauritius

Ich war gerade auf dem Weg nach Rodrigez und die Maschine sollte von Mauritius aus ihren 2-stündigen Flug antreten. Die Passagiere sollten gerade in das Flugzeug einsteigen, als wir zurückgehalten wurden. Es geschah alles in Windeseile. Noch auf der Flugzeugtreppe mussten wir umdrehen und sind wieder zurückgeführt worden in die Halle. Keiner wusste, was sich ereignet hatte. Viele Gerüchte eilten umher, viele Menschen wuselten umher, aber keiner wusste genau, um was es sich handelte.

Nach drei bis vier Stunden Wartezeit kam eine Mitteilung von der Fluggesellschaft, dass ein Hurrican im Anzug ist und bereits in der Nähe der anzufliegenden Inseln aufzuspüren ist. Dies bedeutete, dass wir an diesem Tag Rodrigez nicht anfliegen durften. Wir, die gesamten Passagiere und Crew wurden evakuiert in einem wunderschönen 5-Sterne-Hotel auf Mauritius von dessen Unterbringungsdauer wir bis dahin noch nichts wussten. Wir wussten nur die erste Nacht werden wir dort verbringen.

Eigentlich war es etwas langweilig, es war zwar ein wunderschönes Haus, aber die Information und die Zeit, dass ein Hurrikan auf uns zukam, war noch sehr lange weg. Wir wurden stündlich über die Radarmitteilungen informiert und es war wie ein Abwarten vor dem großen Sturm.

Am nächsten Tag merken wir Passagiere schon, dass sich die Mannschaft des Hotels aufmachte, um Sicherheitsvorkehrungen zu treffen. Alle Stühle, alle Liegestühle, alle Matten wurden in den Pool hineingeworfen, da man die Erfahrung hatte, wenn ein Hurrikan über die Insel zieht, sind die Gegenstände im Pool am sichersten.

Wir alle wurden in diesem Hotel in das feststehende Haus einquartiert, und mussten abwarten. Wir merkten, dass bei den Essen am Buffet die Auswahl immer kleiner wurde, da der Nachschub auch ausblieb. Die gesamte Insel war gewarnt.

Am dritten Tag gegen Nachmittag zog der Hurrikan über Mauritius. Durch die Anzeigen konnten wir genau einschätzen, wann der Hurrikan über die Insel wehte und wir wurden aufgefordert in unseren Zimmern, aus Sicherheitsgründen, zu bleiben. Der Blick aus dem Fenster zeigte uns wie die Palmen, die ja eigentlich fest in der Erde verwurzelt sind, sich bis zu Zweidrittel biegen konnten. Der Wind, der von dem Wasser her kam, wehte alles entzwei. Vom Fenster des zweiten Stockes konnte ich sehen, wie das Dach des Barbecuehauses, aus Palmen gedeckt, zusammenbrach. Die kleinen Hütten am Strand sind wie Streichholzschachteln weggeflogen.

Ich betete, dass die Bevölkerung draußen, die nicht so geschützt war, wie wir in dem festen Haus, früh genug gewarnt wurden und sich in Sicherheit bringen konnten, denn die Folgen des Hurrikan sahen sicher nicht gut aus. Alles geschah sehr schnell. Die Hauptkraft lag auf der Insel nur 8 Minuten. Und dann zog der Hurrican weiter. In diesen 8 Minuten war aber alles zerstört.

Die ganzen kleinen Hütten, die kleinen Buden am Strand und auf dem Lande selbst waren wie vom Winde verweht. Groß gewachsene alte Palmenbestände waren bodengleich gemacht. Es sah aus wie nach einem Hurrikan. Kurz bevor der Hurrikan aufhörte, bin ich auf den Balkon gegangen, um die Kraft des Windes einmal zu spüren, es ist nicht zu beschrieben, mit welch einer Kraft dieser Wind einem die Beine von dem Boden wegziehen kann.

Die Bevölkerung von Mauritius sind solche Hurrikans gewohnt. Sie haben ihre Sicherheitsmaßnahmen und sie haben die Power und den Mut nach einem Hurrikan wieder alles aufzubauen.

Unser Flug ging am nächsten Tag in Sicherheit weiter auf die Insel Rodrigez. Dort angekommen sagte ich zu den Polizisten auf einem ganz kleinen Flugplatz: „Ich suche ein soziales Projekt". Und noch nicht im Hotelzimmer angekommen, erreichte mich schon der erste Anruf des Polizisten, der sich für mich erkundigt hatte. Woher wusste er nur, in welchem Hotel ich abgestiegen bin?

Ich besuchte am Tag drauf, dieses Projekt von Mr. Draper, der seit über zwanzig Jahren als englischer Bürger dort ein Projekt aufgebaut hatte, für blinde und taubstumme Kinder und Jugendliche.

In Rodrigez oder auch in vielen anderen Ländern der Welt ist es eine kleine Schande, wenn eine Familie ein behindertes Kind zur Welt bringt und das behinderte Kind wird sehr lange den Dorfbewohnern nicht gezeigt. Man schämt sich und deshalb wird die Scham versteckt. Mr. Draper hat dies erkannt und dort ein hervorragendes Projekt aufgebaut, dass mittlerweile auch schon von der englischen Königin Elisabeth besucht wurde.

Die gehörlosen Kinder werden mit einer Gebärdensprache ausgebildet und erhalten Unterricht über Köpfhörer, die in einer entsprechenden Frequenz gesteuert werden. Die Lehrerin dort ist ausgebildet. Auf der Fahrt durch Rodrigez, dass einer Mondlandschaft gleicht, habe ich auch ein anderes Projekt gefunden.

Der Seminarleiter ist ein Amerikaner, der als er noch in Kalifornien lebte, einen Traum träumte und in diesem Traum eine Flagge sah. Diese Flagge war die Flagge von Rodrigez. Er kündigte seinen Managervertrag für eine große Werbeagentur und folgte dieser Flagge. Er landete in Rodrigez und baute dort ein großes Kinderprojekt auf, dass ebenfalls behinderten Kindern Schulunterricht anbot.

Der Seminarleiter selbst ist sehr vertraut mit Werbung und Marketing und hat deshalb eine entsprechende Infrastruktur aufgebaut, um Spendengelder zu gewinnen.

Mit unendlichem Gespür vernimmt die Seele Töne, die das Ohr nicht hört und sieht. Was den Augen verborgen bleibt, durch alle Zeiten, Räume hin und über sie hinaus.
Grenzenlos, ursprünglich ist ihr Wissen – ihre Erinnerung.

Iging

Ich unterstütze soziale Projekte in der Welt. Ich unterstütze die Seminarleiter, die eine große Aufgabe tragen. Ich werde unterstützt von einem hervorragenden Team, die ehrenamtlich INCA unterstützen. Sind sie interessiert, an diesen Projekten selbst mitzuwirken, zu hospitieren, zu spenden oder uns zu unterstützen, mailen Sie mir bitte unter meiner eMail-Adresse.

„Wege entstehen dadurch, dass man sie geht", sagte Franz Kafka und ich habe auf den mystischen Wegen Afrikas entdeckt, sich durch Fragen berühren zu lassen, auch wenn man darauf nie eine Antwort erhält. Aber vielleicht ist gerade das, der Gewinn und die Quelle für das Weitere. Danke Afrika.

Ich möchte Ihnen ein Angebot machen. Wenn Sie an einer Wegkreuzung stehen und Zweifel größer sind, als Hoffnungen, Wünsche und Freude, mailen Sie mir unter meiner E-Mail-Adresse: KarinEngel1957@yahoo.com, sich mitteilen verbindet.

Viel Glück.